长距离隧洞船舶通航风险与事故应急处置技术研究

干伟东　马殿光　邓　健　段　宇　纪　超　周俊伟 ● 著

河海大学出版社
HOHAI UNIVERSITY PRESS
·南京·

图书在版编目(CIP)数据

长距离隧洞船舶通航风险预警及事故应急处置技术研究 / 干伟东等著. -- 南京：河海大学出版社, 2024. 12. -- ISBN 978-7-5630-9463-9

Ⅰ. U612.33;U698.6

中国国家版本馆 CIP 数据核字第 202425ZA66 号

书　　名	长距离隧洞船舶通航风险预警及事故应急处置技术研究 CHANGJULI SUIDONG CHUANBO TONGHANG FENGXIAN YUJING JI SHIGU YINGJI CHUZHI JISHU YANJIU
书　　号	ISBN 978-7-5630-9463-9
责任编辑	张心怡
特约校对	马欣妍
封面设计	张世立
出版发行	河海大学出版社
地　　址	南京市西康路 1 号(邮编:210098)
电　　话	(025)83737852(总编室)　(025)83722833(营销部)
经　　销	江苏省新华发行集团有限公司
排　　版	南京布克文化发展有限公司
印　　刷	广东虎彩云印刷有限公司
开　　本	718 毫米×1000 毫米　1/16
印　　张	7.25
字　　数	138 千字
版　　次	2024 年 12 月第 1 版
印　　次	2024 年 12 月第 1 次印刷
定　　价	58.00 元

前言

本书内容涉及隧洞通航风险因素辨识、隧洞通航风险评价方法、隧洞内船舶安全管控技术、隧洞通航安全事故应急处置技术及应用实例等多个方面。通过理论研究、分析研究、船舶操纵仿真实验及数学模型研究，针对隧洞通航安全管理需求，辨识了通航隧洞典型事故风险因素，并提出隧洞通航风险评价指标体系和隧洞通航风险评价方法；针对通航隧洞内船舶管控需求，提出了长隧洞船舶安全间距计算方法和船舶安全管控模式；针对通航隧洞内船舶事故应急需求，提出了通航隧洞应急管理要求及船舶事故应急组织架构与处置流程，提出了长大通航隧洞通航事故应急处置方法，开发了长隧洞船舶通航安全事故应急方案库。

本书内容新颖、逻辑缜密、概念清楚、实用性强，可供港航、海事、枢纽等领域从事工程设计、规划、评估等工作的科技人员和相关专业院校师生参考使用。

本书的出版得到国家自然科学基金面上项目52271368"复杂枢纽船舶隧洞通航风险演化预测与防控方法研究"的资助。

目录

第1章　概述 001
　1.1　绪论 003
　1.2　通航隧洞研究进展 003
　　　1.2.1　通航隧洞水力学方面研究 004
　　　1.2.2　通航隧洞运营安全方面研究 005
　　　1.2.3　船舶通航风险预警方面研究 006
　1.3　本书研究内容概述 006

第2章　隧洞通航风险因素辨识研究 009
　2.1　思林通航隧洞概况 011
　2.2　隧洞通航风险因素辨识 013
　　　2.2.1　公路隧道交通风险因素 013
　　　2.2.2　限制性航道交通风险因素 016
　　　2.2.3　船舶在隧洞航行过程中的风险识别 018
　　　2.2.4　隧洞通航风险因素 022
　2.3　小结 023

第3章　隧洞通航风险指标体系研究 025
　3.1　研究方法 026
　3.2　评价指标选取原则 034
　3.3　隧洞通航风险评价指标体系 035
　3.4　隧洞通航风险关键因子 036

3.4.1　建立层次结构模型 ································· 036
　　3.4.2　构建判断矩阵 ····································· 036
　　3.4.3　评价指标综合权重的计算 ··························· 039
3.5　小结 ·· 040

第4章　隧洞通航风险评价方法研究 ······························ 041
4.1　证据理论 ·· 042
　　4.1.1　证据理论的基本概念 ································ 042
　　4.1.2　证据理论合成规则 ·································· 043
4.2　模糊规则库构建 ·· 045
4.3　基于证据融合的隧洞通航风险评价 ·························· 047
　　4.3.1　隧洞通航风险证据融合方法 ··························· 047
　　4.3.2　通航风险效用值计算 ································ 048
4.4　隧洞通航安全风险评价的层次模型 ·························· 049
　　4.4.1　评价层次模型构建 ·································· 049
　　4.4.2　指标映射规则库 ···································· 049
　　4.4.3　各指标的水上交通风险映射 ··························· 053
　　4.4.4　基于D-S的风险评价 ································ 055
4.5　小结 ·· 056

第5章　隧洞内船舶安全间距模型研究 ···························· 057
5.1　跟驰理论 ·· 058
　　5.1.1　车辆跟驰理论 ······································ 058
　　5.1.2　船舶跟驰理论的释义 ································ 059
5.2　船舶安全间距影响因素 ···································· 059
5.3　船舶安全间距模型 ·· 062
5.4　通航隧洞船舶间距分区 ···································· 064
5.5　乌江思林水电站枢纽二线通航隧洞船舶安全间距 ·············· 064
　　5.5.1　船舶安全间距计算 ·································· 064
　　5.5.2　船舶安全间距分区 ·································· 065
5.6　小结 ·· 065

第6章 隧洞通航安全事故应急处置方法研究 067

6.1 通航隧洞应急管理要求 068
6.1.1 法律依据 068
6.1.2 建立应急管理体系 068
6.1.3 建立应急救援体系 069
6.1.4 建立应急报警系统 069

6.2 通航隧洞船舶事故应急组织架构与处置流程 069
6.2.1 组织机构和职责 069
6.2.2 应急处置工作要求 070
6.2.3 应急处置流程 071

6.3 通航隧洞典型船舶事故应急处置方法研究——以火灾为例 072
6.3.1 隧洞火灾预防措施 073
6.3.2 隧洞火灾应急措施 073
6.3.3 隧洞火灾事故推演分析 074

6.4 通航隧洞船舶火灾事故人员应急疏散研究 077
6.4.1 实验模型构建 077
6.4.2 通航隧洞船舶火灾数值模拟 080
6.4.3 通航隧洞人员疏散研究 083

6.5 通航隧洞典型突发事件应急方案 091
6.5.1 通航隧洞内人员落水应急处置方案 091
6.5.2 通航隧洞内船舶沉没险情应急方案 092
6.5.3 通航隧洞内船舶触碰险情应急方案 093
6.5.4 隧洞内船舶碰撞险情应急预案 094
6.5.5 隧洞内船舶火灾险情应急方案 095
6.5.6 隧洞内航道堵塞船舶应急预案 096

6.6 小结 096

结束语 097

参考文献 101

第 1 章

概述

1.1 绪论

随着"长江经济带发展"和"交通强国建设"国家战略的深入推进,外加水电梯级建设为发展内河水运创造了有利条件,我国内河水运得到了空前的发展,乌江、金沙江等多条山区河流规划全线通(复)航,但受地形限制,这些山区河流山高峡深,建设通航建筑物的难度较大,限制了黄金水道向上游进一步延伸。另外,随着我国内河航运的高速发展,部分已建通航建筑物的通过能力已不能满足日益增长的货运需求,扩建或新建二线需求迫切。

随着我国工程建设技术的进步,通航隧洞这一特殊通航设施由于其制约条件少、环境友好和投资造价小等优势而逐渐被采用,成为解决高山峡谷地区拦河闸坝通航建筑物和现有峡谷河道改扩建通航建筑物布置难题的有效途径之一。通航隧洞是为运河穿越山岭而开凿的地下航道,可将山峰左右两侧的河道连接,也可用于克服船闸或升船机连接点之间高程阻碍。通航隧洞作为解决山区高等级航道重要卡口及实现通航建筑物间衔接的有效途径,可彻底打通水运大动脉的梗塞点,大幅度增加限制性航段的航道尺度,并缩短船舶航行的距离,具有非常广阔的应用前景。

通航隧洞为典型小断面系数限制性航道,船舶航行阻力大、舵效差,且有船行波和振荡波的反射叠加,对船体产生不对称的横向力,航向控制难度大,操纵性能降低,船舶在隧洞中的航行性能与在敞开式限制性航道中的有明显区别,由于视野背景暗淡、空间密闭,因此隧洞中的船舶操纵难度更大,船员心理压力更大。此外,通航隧洞富裕净空尺度有限,通常采用单线通航,一般为直线,船舶只能排队依次航行,不能追越,导致其内船舶通航风险有别于其他航道水域,同时其内航行船舶发生事故后的救援难度较其他水域大。另外,对于通航隧洞的设计和管理目前还没有相关规范标准。为解决制约通航隧洞运营效率和安全的关键技术问题,本书开展隧洞通航风险预警及事故应急处置技术研究,为新时代内河通航设施实现水路交通高质量发展提供重要技术支撑。

1.2 通航隧洞研究进展

通航隧洞历史悠久,多建于法国和英国的运河上。其中,世界上第一条通航隧洞位于法国 Canal du Midi 运河上的 Malpas 隧洞,在 1679 年建成通航。世界上最长的通航隧洞 Rove 隧洞,在法国 Canal de Marseille au Rhône 运河上,于 1927 年建成,宽 22 m,长 7 120 m,可通航 1 000 t 的船舶。国内第一条通航隧洞位于乌江构皮滩水电站,于 2017 年完成浇筑,构皮滩水电站的通航建筑物在首级中间渠道采用隧洞通航的方式，隧洞宽 16 m，高 14 m，全长约 424 m，为单线通航隧洞。

目前，挪威 Stad 通航海轮隧洞的设计最大通航为 1.6 万吨级船舶，全长约 1.7 km，是世界尺度最大的通航隧洞，由于断面尺度过大，其面临设计和施工等方面的难点，目前该隧洞正前期论证中。在构皮滩通航隧洞已经成功修建的基础上，百色、乌江、龙滩、清水江白市和富春江等的一批通航隧洞也在加紧修建或前期论证中。

国内外部分已建通航隧洞如图 1.2-1 所示。

(a) 马尔帕斯隧道　　　　　　　(b) 构皮滩隧洞

图 1.2-1　国内外已建通航隧洞

1.2.1　通航隧洞水力学方面研究

李焱等[1]在 2012 年针对通航隧洞这一特殊限制性水道的尺度设计暂无规范或相关标准可参考的难题，通过水工物理模型和船模试验的方法，提出通航隧洞断面尺度的确定应考虑航行阻力、船舶航速、水位波动和船舶下沉量等方面，得出多个航速条件下的尺度方案和航行参数值，在确定断面尺度的同时研究了船只在通航隧洞中的船只水力特性和对渡槽构造的影响。

2015 年，吴德兴等[4]基于大断面通航隧道的设计及施工暂无相关规范标准的问题，通过最优化方法和相关分析的计算，提出Ⅳ级单线航道通航隧道横断面宜采用曲墙式的横断面。

2017 年，汤建宏等[2]针对现有通航隧洞的研究不能满足船舶大型化且缺乏经济性的难题，结合船舶临界航速的计算方式，提出隧洞断面经济性的分析可结合船舶过闸时间确定。

2021 年，钮新强等[9]针对现有通航隧洞断面尺度研究没有从目标优化角度总结出数学模型的问题，使用理论计算的方法，结合工程的实际情况把通航隧洞尺度多目标优化向单目标优化的问题转化,并给出关于通航隧洞尺度的目标函数最优解。

2008年金国强[5]针对上游闸室灌泄水引起隧道内船舶安全航行的问题,通过建立物理模型试验和数学模型计算的方法,分析通航遂道内非恒定水流条件和闸室输水时水力特性。

2020年,王孟飞[6]通过FUNWAVE-TVD开源方法模拟了500 t及300 t船舶隧洞通航的船行波及隧洞横向流速度,并通过理论公式验证了数值模拟的可靠性,给出了不同吨位船舶在隧洞中的船行波及横向流速度的变化规律。

2021年,邓斌等[7]运用二维数模对通航隧洞中的船行波传播规律进行了研究,提出通航隧道内船舶连续通航安全航行间距应满足的关系式。

现有研究主要是从通航隧洞通航尺度限制导致通过能力不足这一焦点出发,研究其断面尺度、最小水深、通航水流条件,实现了通过优化工程结构设计来改善通航条件的目的,为实际工程的建设发挥了重要指导作用。

1.2.2 通航隧洞运营安全方面研究

2023年陈鹏云等[13]参照国内外相关标准,分析并提出大型水运通航隧洞通风控制和排烟控制标准,对三峡新通道通航隧洞需风量进行了计算分析,并建立隧洞通风和火灾三维数值计算模型,对通航隧洞的污染物排放特性和排烟特性进行三维数值模拟。

汪瑞等[11]采用数值模拟对通航隧洞尾气排放扩散进行了研究,指出机械通风对降低隧洞内船舶尾气的污染物浓度效果明显。一旦船舶在隧洞内发生火灾,需及时排出烟气,为人员疏散逃生创造条件,满足火灾情况下人员逃生与财产保全的需求。

2021年干伟东等[16]则从船舶性能和驾驶员等方面考虑,提出了一种隧洞中船舶安全间距计算方法。

2020年刘欣[13]在前人研究的基础上对通航隧洞船舶自航与曳引两种方式进行论证,建议通航隧洞中船舶自航速度不大于1.2 m/s。曳引系统速度小于1.5 m/s,且一次曳引船舶为2艘。

2019年刘柳[10]针对三峡水运新通道船舶火灾荷载相对较大的特点,使用数值模拟的方法,对三峡新通道排烟通风情况进行研究,确定排烟道的明确直径和数量。

2009年,李伟平[10]针对世界各地通航隧道构造安全性和爆燃事故逃生疏散研究有关经验少的问题,通过讨论分析解决了上述问题,为富春江通航隧道的设计施工提供参考。

1.2.3 船舶通航风险预警方面研究

作为突发事件应急管理的重要环节，预警和防控的目的就是通过现代的技术手段，预判并处理可能的突发事件，采取必要的防控措施以避免或减少一些事件的发生以及带来的损失和伤害。预警理论应用于交通运输领域，早期主要集中在高速公路灾害预警方面，近年来才出现在水上交通领域，且随之应用于内河水上交通安全预警，其主要体现为水上交通安全系统中特殊事故预警研究、预警技术研究以及预警管理研究等。

刘健等[22]将船龄、船舶结构、强度以及船舶性能等作为设计参数，在框架式专家系统、数理分析的基础上，以推导出的各类避碰算法研究长江船舶避碰系统。

周俊华等[23]构建了基于贝叶斯网络的内河航道拥堵预测预警模型，并借助GIS平台技术从系统架构设计、作业流程与开发技术3个方面介绍了内河航道拥堵预警系统的设计。

桑凌志等[24]基于现有的系统无法有效判断监管区域内船舶实时航行的态势、无法实时给出区域内高风险船舶的缺点，开发了实时可靠的内河多桥梁水域船舶安全预警系统。

金娥[25]以科学预控为出发点，结合专家意见，构建内河运输安全预警指标体系，在充分调研的基础上，确定评价指标并赋值，以灰色多层次综合评价法实现对内河运输安全状况的评价。

郭君[26]在大量统计资料的基础上，结合实证分析，揭示事故成因机理与演变，并探讨长江水上交通安全预警机制和方法体系的构建方法。

1.3 本书研究内容概述

本书研究内容包括：①隧洞通航风险因素辨识研究；②隧洞通航风险指标体系研究；③隧洞通航风险评价方法研究；④隧洞内船舶安全间距模型研究；⑤隧洞通航安全事故应急处置方法研究等。取得了一些研究成果，并开展了示范应用。

（1）隧洞通航风险因素辨识研究。全面梳理了与通航隧洞有相似特征的公路隧道和限制性航道的交通风险因素，系统总结了通航隧洞中船舶航行过程风险以及特殊船舶通航事故后果特征，辨识了隧洞通航风险因素。

（2）隧洞通航风险指标体系研究。针对隧洞通航安全问题复杂性、多层次性的特点，构建了隧洞通航风险评价指标体系，建立了各级指标的判断矩阵，确定了各个指标的重要程度，提取了隧洞通航风险的主要致因。

（3）隧洞通航风险评价方法研究。在风险指标体系的基础上提出了隧洞通航风险评价层次模型，运用基于模糊规则库的证据推理方法，构建了隧洞通航风险综合评价模型，最后评估了船舶自航与船舶曳引两种航行方式的隧洞通航风险状况。

（4）隧洞内船舶安全间距模型研究。在分析通航隧洞船舶间距影响因素的基础上，首先应用交通流及跟驰理论建立通航隧洞船舶跟驰安全间距模型，研究通航隧洞内船舶不同状态下的安全间距计算方法；对通航隧洞不同位置的船舶安全间距进行分区研究，提出通航隧洞船舶安全间距控制模式。

（5）隧洞通航安全事故应急处置方法研究。系统提出了通航隧洞应急管理要求及船舶事故应急组织架构与处置流程，并以火灾事故为例提出了通航隧洞船舶火灾事故情景演变路径，建立了通航隧洞船舶火灾数值模拟模型和人员疏散模型。在重点分析了通航隧洞船舶火灾突发事件的应急处置方案后，本书对于其他典型突发事件（人员落水、船舶沉没、船舶触碰、船舶碰撞、航道堵塞等）的应急处置开展了研究，建立了相关的应急处置方案库。

第 2 章

隧洞通航风险因素辨识研究

2.1 思林通航隧洞概况

1) 地理位置

乌江属于典型山区性河流,两岸多为悬崖峭壁,地质条件复杂,500吨级通航设施已占据了有利位置,1 000吨级通航设施只能在两岸的悬崖峭壁中建设,并且枢纽水头超高、河床狭窄、水位变幅巨大、坡陡流急,通航条件极为恶劣,乌江航道提等扩能工程拟扩建思林、沙沱枢纽二线通航设施。

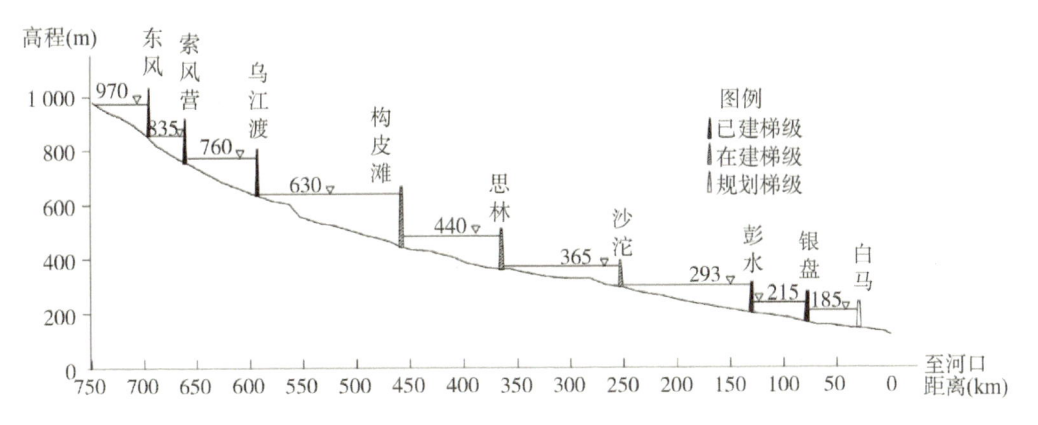

图2.1-1 乌江干流梯级纵剖面示意图

思林水电站位于乌江峡谷河段,由左岸垂直升船机+混凝土重力坝+右岸引水发电系统组成。思林水电站左岸已建成一线垂直升船机,右岸已建成引水发电系统,采用岸坡大开挖方式。

图2.1-2 思林水电站枢纽二线千吨级通航设施线位布置示意图

2) 隧洞平面布置方案

工程采用宽体船闸＋通航隧洞＋单列垂直升船机方案为代表方案。隧道布置在思林已建通航建筑物左岸 280 m 处，轴线长度为 3 769 m，高程为 370～740 m，与已建通航建筑物轴线夹角为 29°，方位角为 N88°13′5″E。同时，为保证下游口门区的水流、泥沙条件，将通航建筑物轴线旋转 33°，方位角为 N55°20′49″E。

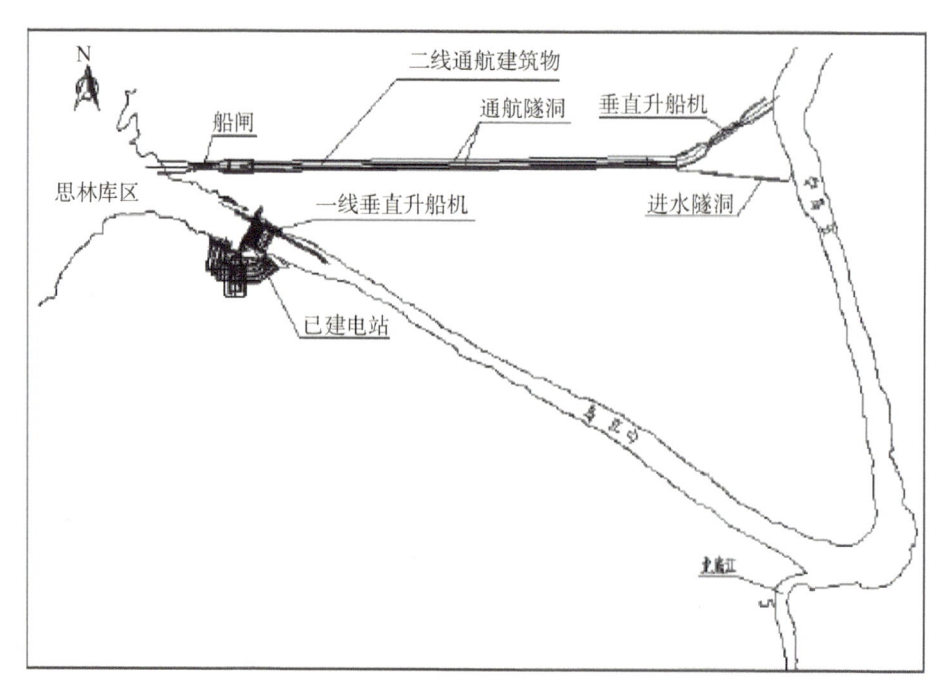

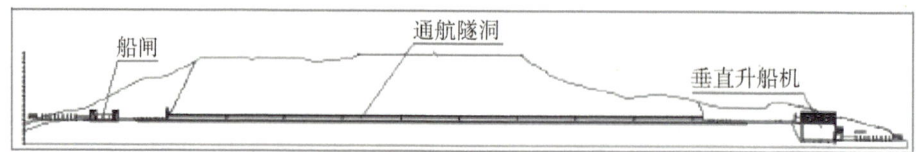

图 2.1-3　思林通航隧洞总体布置方案

隧洞采用双洞单向通航隧洞方案，考虑设置两条平行的通航隧洞，正常运行期隧洞内船舶一直单向航行，隧洞断面为 16 m×20 m（宽×高），洞内水深 5.5 m。隧洞的进、出口渠道需要一个停泊段、一个调顺段及一个导航段以满足船舶顺利进出船闸（升船机），渠道总长 210 m。

2.2 隧洞通航风险因素辨识

2.2.1 公路隧道交通风险因素

1) 人的因素

(1) 违章行车

①疲劳驾驶。一些驾驶员为了"向时间要效益",同时也为了满足客户的要求,达到"双赢"的目的,就日夜兼程地疲劳驾驶,导致行车过程中驾驶员出现打瞌睡的现象。特别在西部多山地区,地形复杂,隧道的设计有时候不能达到安全标准,此时,驾驶员不能很快地对隧道有个清醒的认识,反应迟钝容易引发隧道交通事故。

②占道行车。因占道行车引发的隧道交通事故主要发生在单洞双向两车道的隧道内,由于标线模糊不清,再加上隧道内光线比较暗,驾驶员不能看清楚车道分界线,导致车辆占道行驶,造成与迎面车辆的碰撞。

③超速行驶。紧急制动事故的发生主要是因为隧道内交通条件相对露天路段比较差,因此在进入隧道之前,交通管理部门通常会设立减速标志或限速标志,但一部分驾驶员存在侥幸心理,感觉自己驾驶水平高,在进入隧道前没有减速,仍然保持原车速驶入隧道。若遇到有平曲线的隧道,可能会因超过设计车速而在转弯处发生事故;或者在隧道内发现前方车辆违章停车、违章超车,又或前方发生事故,采取紧急制动,使得车辆发生侧滑、掉头、前翻等事故。

(2) 违章停车

一部分驾驶员在隧道内违章停车,或者是当车辆在隧道内发生故障时没有采取紧急救援措施和事后预防措施,导致后续车辆不能准确掌握车辆的状况,从而前后车辆相撞。

(3) 心理与生理的影响

驾驶员在进入隧道时受到的心理与生理影响主要取决于驾驶员的适应能力。车辆进出隧道口时会产生视觉的转换,即明适应与暗适应,驾驶员需要有一个逐步适应的过程。但由于每个驾驶员的自身状况、心理与生理素质不一样,因此有一部分司机不能很快适应行车环境的变化,不能在短时间内准确判断前方道路情况,从而酿成交通事故。

(4) 驾驶技术

交通参与者在遇到紧急事件时,倘若没有丰富的驾驶经验,判断错误,不能采取紧急而有效的措施,会使车辆错过避开事故的最佳时期,导致事故的发生。

人的因素在事故中表现复杂,不是单一因素,而是各个因素之间相互作用,最终影响驾驶员及其他交通参与者的行为,进而酿成事故。

2) 车辆的因素

高速公路隧道中由车辆因素所引发的交通事故主要是制动失效、车辆爆胎等。制动失效主要体现在西南及西北多山地区,有些地区高速公路的隧道设在连续下坡处,车辆连续刹车导致刹车失灵,从而在隧道发生事故。一旦车辆在隧道发生故障且不能及时进入隧道内的紧急停车带,后果是相当严重的。

3) 隧道交通环境的因素

隧道所受的特殊条件的限制也是交通事故发生的诱因之一,是事故发生的间接致因。这里提到的隧道环境主要表现在地理位置、线形条件、路面状况、交通设施、照明设计等。

(1) 地理位置

隧道建筑地形多为山地,隧道入口路段坡道、弯道较多,通常为交通事故多发地段,是交通事故主控制区。特别是在雨天,在这种路段采取紧急制动往往会诱发车辆的甩尾、侧翻。

(2) 线形条件

地形原因使得隧道设计中采用了平曲线和纵曲线,部分地段还采用了反向曲线,设计中的曲线半径只能满足一定车速的车辆正常通行。因此,为了保障行车安全,在隧道入口前设置了限速或减速标志,但一部分司机存有侥幸心理,在转弯时车速过快,或者对前方的异常状况来不及判断和采取措施,导致事故的发生。

(3) 隧道路面状况

隧道内的铺装为水泥混凝土路面,这也是考虑到防火要求,路面的好坏将直接影响车辆在隧道内的通行顺畅度和舒适性。在事故的统计分析中,我们发现路面的平整度和防滑性会直接影响到交通安全。路面的平整度会直接影响行车的舒适性和安全性,这是由于路面的坎坷不平会让车辆突然颠簸,引起某些机件的损害,导致车辆失控、刹车失灵等,酿成事故。关于路面的防滑性主要考虑路面附着系数。附着系数对于行车安全有较大的影响,在危险的路段,附着系数应不小于0.6,在良好的道路条件下应不小于0.45,在使用条件下,附着系数应不小于0.30。由于隧道是相对封闭的环境,尘埃和车辆排出的废气沉积在路面上,长期得不到雨水冲洗、阳光暴晒,因此降低了隧道路面的附着系数。当路面附着系数小于要求的最小限度时,车辆在行驶中稍微制动就会产生侧滑,从而失去控制。尤其在雨天,隧道外一般为潮湿沥青路面(路面较干净),隧道入口处一般为潮湿水泥路面(路面有沉积和污渍,车辆带入的雨水与沉积、油污混合),隧道内一般为干燥水泥路面。当高速行驶的车辆由潮湿沥青路面驶入干燥水泥路面,路面附着系数发生急剧变化(变化过程:由潮湿沥青路面过渡到潮湿油污水泥路面,然后又进入干燥油污水泥路面,路面附着系数不断改变),车辆进入隧道的行驶速度稍有变化(加速或减速),车辆就容易打滑失去控制,从而酿成车祸。

(4) 交通设施

在一些隧道中,存在交通设施不完善或者设施不可利用的现象,驾驶员在进入隧道之前不能了解和获取隧道的情况,从而不能即时采取措施,最终导致事故。交通设施的设置主要为标志设置、标线的施画、交通信息服务、交通诱导和隧道内其他安全设施,如紧急停车带等。

(5) 照明设计

隧道内外照明设计的不合理性将直接影响驾驶员的视线,特别是在夜间,隧道内外的灯光强度过渡得不合理会导致驾驶员以高速进入隧道时,产生"晃眼"现象,3~5 s 内不能适应隧道内环境,就在这极短的时间内存在事故隐患。在进出隧道时,除了会产生视觉的转换,还会在心理方面产生压抑感。若要消除或减弱这种心理和生理上的不良影响,隧道内照明设施的合理布置极为重要。

4) 交通管理的因素

一部分隧道交通事故是隧道管理的不完善造成的。隧道管理主要包括隧道的正常维护和隧道的秩序管理。由于隧道缺少维修,导致隧道内一些路面破损没有及时修补,埋下了安全隐患。

(1) 事故预防措施不利

安全第一,重在预防。事故预防主要体现在管理和技术设施上,根据以往事故教训,若管理上存在漏洞和隧道交通安全设施不完善甚至处于瘫痪状态,会埋下安全隐患。

(2) 事故救援体系不健全

事故救援体系虽然不是事故原因,但是是事故扩大的关键因素。没有好的救援体系,例如救援力量不能很快到位,救援效率低下,容易导致二次事故的发生。

(3) 事故修复体系不完善

某些事故的发生是因为安全设施的破坏使其不能发挥应有的功能,导致驾驶员不能获取相关信息,如信号灯、电子公告板、方向指示、标志等。

2.2.2 限制性航道交通风险因素

1) 船员履职能力差

船员履职能力差是指船员虽有相应适任证书,但实际上履行职责的能力存在缺陷。具体表现为对船上关键性操纵设备如主机、舵、锚等,消防与救生设备的维护保养不能有效操作管理,对船上安全管理体系运行的掌握程度不够,不遵守或错误理解和运用航行、避碰规则操纵,避让不当,未保持正规瞭望,未开启雷达协助瞭望,航路选择不当,驾驶员判断失误,驾驶员疏忽,未运用良好船艺,未正常值班守听,临危措施不当等。

2) 船舶故障

船舶作为水路交通运输的载体,其技术状况也是造成船舶水上交通安全事故的重要因素,特别是船舶倾覆或沉没事故,以及在船舶失控情况下发生的事故。船舶要素包括船舶结构(船体结构、强度、密封性和分舱布置)、船舶设备(船舶航行操纵设备、助航设备、通信设备及消防设备的性能和状况)、船舶性能(船舶的吃水、稳性、惯性及船龄)。由船舶因素造成的事故主要体现在船舶不适航、船舶结构强度不够、船舶设备不可靠、船舶性能不稳定以及船舶老龄化等。

3) 能见度不良

能见度不良会导致船舶减速或者停航,对船舶航行安全程度和航道交通效率的影响较大。直接影响到能见度的主要是雾,其次是雨、雪,其他的还有烟、霾等。由于现代社会的环境污染较为严重,加上运河水域又多穿城而过,现在霾天对运河水域能见度的影响已经逐渐超过雾天影响。能见度不良时,船舶极易发生碰撞、搁浅或触损事故,严重影响了水上交通行为。

4) 水位

限制性航道水域水位的高低对船舶航行安全的影响主要体现在船舶的通过性和操纵性能上。由于内河水上船舶运输超载现象普遍存在,船舶吃水增加。再者,由于船舶向大型化发展,内河航道水深相对不够,这些对船舶通行安全都存在很大的影响。

5) 航道宽度

航道的宽窄直接影响航行安全,船舶行驶在宽度受限的航道内,不仅增加了船舶交会次数,还易造成航道堵塞。运河航道由于面宽仅数十米,无法采用分道制,因此船舶航行一般都选择偏中间驾驶,久而久之,航道中央越来越深,远远超出《内河通航标准》要求,两边则容易淤积,弯曲航道段的淤积尤为明显,导致航道底宽达不到《内河通航标准》要求,这些都严重影响了船舶安全航行。另外,航道等级参差不齐,严重影响了大型船舶的直达性。五级航道与三级航道的航道宽度在《内河通航标准》中几乎相差一倍,在内航行的船舶大小却没有多少差异,这些超大型船舶和船队超航道等级限制进入低等级航道后,往往占据中央航道航行,迫使随后单船减速或追越,很容易引起船舶打横或搁浅,船队自身航行安全得不到保障,同时会影响其他船舶的正常航行。

6）航道弯曲

航道先天性的区别会导致航道弯曲程度不尽相同。比如,京杭运河为人工开凿运河,其航道弯曲度较小;而锡十一圩线、锡澄线等均为由天然河道改建而成,其航道弯曲程度较京杭运河要大得多,且存在连续弯道,船舶交会、追越时存在较大风险。通过对船舶触损事故的二次统计分析,发生在弯曲航道尤其是连续弯道的触损事故比例很大,经过事后对事故原因的调查,发现弯曲航道顶端很容易形成浅滩,一些面宽六七十米的航段由于浅滩的存在,能满足航道标准要求的底宽往往不足一半,对航道不熟悉的船舶很容易走边发生触损、搁浅事故。另外,《内河通航标准》中提及的代表船型选型没有充分考虑到现在从事运输的船舶大型化趋势及内河水运形势发展的客观事实,现有船舶实际尺度大大超出了代表船型限定的尺度,导致航道最小弯曲半径不能满足现有船舶安全通航的要求,直接影响其可行性和船舶的航行安全。

7）交通密度

船舶交通密度是指单位时间内通过航道某一位置的船舶数量,根据交通密度的大小,能直观判断出水域内船舶的大小规模和繁忙程度,并且交通密度能在一定程度上反映出该水域交通的拥挤和危险程度。根据对近年来水上交通事故的研究,发现船舶流量与交通事故数量是成正比的,因此在评价运河水域环境航行危险度时,交通密度是一个非常重要的因素。与海洋、港口不同,由于运河水域的宽度有限,因此在单位时间内能够通过的船舶数量是有上限值的,如果超过上限,运河水域将处于完全堵航状态,导致船舶动弹不得。

8）管理因素

管理因素在事故预防及事故应急方面起到至关重要的作用。主要包括管理规章、监管系统、应急系统、一案三制等。

限制性航道通航风险因素详见表2.2-1。

表 2.2-1 限制性航道通航风险因素表

目标层	准则层	一级指标层	二级指标层	三级指标层
受限航道通航风险	船员	超速		
		违规追越		
		未保持安全间距		
		误操作		
		沟通不畅		
	船舶	主机故障		
		舵机故障		
		装载状况		
	环境	自然环境	风大	
			水位	
			能见度不良	
		交通环境	吃水比较小	
			航道富裕宽度受限	
			航道弯曲半径不足	
			船行波	
			船舶密度大	
	管理	安全监管	安全监管设备	监管设备数量不足
				监管设备性能不良
			管理制度	管理制度不全
				管理制度不合理
		应急管理	应急设施设备	设备不足
				设备性能不佳
			应急预案	应急预案不完善
				未按规定应急演练

2.2.3 船舶在隧洞航行过程中的风险识别

2.2.3.1 航行过程中的风险

本节将从人—船—环境—管理方面识别船舶在隧洞航行过程中所面临的风险。

1）船员因素

从国内的船闸通航事故来看,船员操作失误是主要原因,船舶进闸时未对准闸口、碰撞导航墙、船舶翻沉等事故均有发生。

（1）船员自身素质：由于目前内河船员工资水平较低，工作较为辛苦，因此已经很难留住中专、高中学历的毕业生，内河船员学历门槛不断降低，导致人员综合水平参差不齐。部分船员的安全技能水平不高，安全意识不强，违章航行操作，易导致事故发生。

（2）船员不熟悉船舶通过通航隧洞的操纵方法和船舶的操纵性能：船舶在隧洞中航行时，由于隧洞环境既浅又窄，因此对船舶操纵水平有较高要求，需要船员具有良好的船艺。此外，隧洞中照度低、空间狭窄，易给船员带来心理压力，增加了失误风险。

（3）2015 年，中国海事局印发了新的《内河船舶船员特殊培训考试和发证办法》，该文件规定在内河液化气船或液化气燃料动力装置船舶上任职的所有船员应经相应的培训和考试，并取得合格证。对于 LNG 船舶上船员的培训分为三种情况：①所有船员的通用培训；②船舶上负责燃料的维护、使用或与应急响应有关且指定安全职责的船员的基本培训；③船长、轮机长和所有负责保护和使用燃料，以及燃料系统内的人员的高级培训。因此，若船员未经过专门培训从事相关工作，极可能导致相关事故的发生而难以应急。

2）船舶因素

LNG 船舶多为近年来新修建的船舶，船舶状况较好。但由于 LNG 船是特殊的船舶，实施良好的船舶和设备的管理对于保障安全而言至关重要。

（1）LNG 船舶设置有专门的 LNG 储罐、管路和阀门，这些设备一旦发生损坏、失效等情况，将造成 LNG 的快速泄漏，在隧洞这一半封闭空间中会产生重大安全威胁。因此，对这些设备进行良好的保养对于防止设备失效和 LNG 气体泄漏是非常重要的。

（2）LNG 燃料动力船舶通过枢纽时，由于其要通过多级通航建筑物，如果均切换为柴油模式运行，会有较长时间不使用天然气燃料，可能会导致 LNG 气罐内 BOG 增多进而超压，气罐安全阀起跳，天然气通过透气管释放到隧洞内，从而造成危险。

（3）乌江建造的 LNG 燃料动力船舶目前将 LNG 储罐设置于船尾部分，为露天设置，一方面可有效疏散 BOG 气体、节约船舶空间，但另一方面，由于其为露天设置，遇外力撞击、坠落等可能直接作用于罐体，有可能会造成罐体损坏。

3）通航环境因素

通航隧洞内整体水流条件基本处于静水状态，这一水流条件在整体上有利于船舶航行。只是在升船机/船闸打开时有少量水流进入中间渠道，会产生短时的低速水流，但会在一定程度上改变船舶航行的速度和航迹线，从而影响船舶航行安全。在这一航行过程中，主要存在的通航风险如下。

（1）明渠—隧洞、隧洞—明渠之间的为隧洞口门区，一方面口门区通航尺度会有变化，特别是明渠—隧洞口门区尺度变化较大；另一方面会受到枢纽泄水建筑物和导流墙等分水建筑物的边界影响，在这么一个或收缩或扩大的通航水流条件下，口门区水流会发生弯曲变形，产生流速梯度，形成回流和分离型小漩涡，横流和回流影响船舶的航速和航迹线，使得船舶发生偏转和横移，严重时会出现船舶操纵失控，威胁通航安全。

（2）考虑到环境阻塞系数较高，当船舶驶入隧洞时，水流将被推入隧洞，如不能及时回流，将导致前方水位上升、后方水位下降，船舶所受阻力增加。

（3）由于隧洞内水域环境既浅又窄，船体周围流场呈现出明显的岸壁效应与浅水效应，因此在船舶驶入隧洞的过程中，其总阻力、侧向力及转艏力矩会出现明显的震荡。

（4）在船舶驶入隧洞之前和驶出隧洞之后，船舶两侧流场的不对称性导致船舶所受侧向力与转艏力矩不为零，船舶存在发生碰壁或者转艏的可能。因此，在船舶的实际运行中，建议采用防碰壁措施。

（5）船舶驶出隧洞时，水域浅窄，隧洞室内水流被推出，导致船舶首尾水位差增加，进而使得船舶触底的可能性增加。

（6）通航隧洞建设于山体中，当山体发生严重地质灾害，造成隧洞垮塌时，将可能导致重大通航事件的发生。

（7）遇到强风天气时，由于隧洞的狭管效应，其风速有可能迅速增加，从而影响到隧洞内的船舶航行。

4）管理因素

船舶通航隧洞目前在世界范围内数量都极少，其在通航管理方面可供借鉴的经验几乎没有，可能会因为管理方面的不完善而难以有效防范安全事故。

（1）通航隧洞的安全配套设施不完善。如照明、通风、防火防爆、防碰撞等设施不完备，易造成船舶发生安全事故。

（2）未制定完善的管理制度或管理制度不合理。应建立完善的通航建筑物调度规则，科学合理地调度船舶在通航隧洞乃至整个枢纽内的通航，避免船舶在隧洞内的交叉、拥挤等。

（3）未制定完善的通航建筑物应急预案。通航隧洞的条件十分特殊，其应急预案应有专门的针对性，特别应针对于LNG船在隧洞内可能发生的LNG燃料泄漏、火灾、沉没等事故制定可行的措施，第一时间进行有效处置。

2.2.3.2 特殊船舶隧洞通航事故后果分析

风险后果分析主要包括 LNG 泄漏后形成的气云情况、火灾和爆炸危害、对人员和设备的影响等。一旦发生泄漏，根据外界条件的不同，产生的升级事件也不相同，造成的后果也就不同。

1) 火灾危害

当 LNG 发生泄漏时，一般情况下 LNG 会快速蒸发汽化；但当 LNG 快速且大量泄漏时，会迅速地在水面上形成液池。在 LNG 蒸发的过程中，由于低温，将从周围环境中吸收大量的热，LNG 会形成重气云（当天然气温度低于 $-108℃$ 时，其密度大于空气，LNG 泄漏初期的饱和温度为 $-162℃$，气体密度是空气的 1.5 倍）。重气云进一步与空气混合换热，再向大气中扩散。当蒸汽浓度达到可燃范围时（天然气的燃烧爆炸范围为 5%~15%），随时会发生燃烧爆炸。

LNG 燃烧主要有池火（Pool fires）、喷射火（Jet fires）和闪火（Flash fires）三种不同的形式。形成的火焰形式也根据泄漏情况以及环境条件的不同而有所不同。

2) 爆炸危害

燃烧发生在开阔区域时，并不会引发爆炸，但当 LNG 在隧洞内泄漏，蒸汽云受到隧洞半封闭空间的限制时，燃烧速度会迅速加快，产生过压破坏，即形成爆炸。通常情况下，泄漏到大气中的 LNG 如果被点燃，会有闪火现象发生。假如在非限制空间发生燃烧，纯甲烷是不会形成过压破坏（爆炸）的，但是如果在限制空间发生燃烧，或者扩散到限制空间中的甲烷被点燃，则极有可能产生过压破坏，会对建筑物等的结构形成毁灭性破坏。在通航隧洞这一半封闭的空间里时，则极有可能发生这一危险情况。

3) 低温破坏

LNG 的储存温度为 $-162℃$ 以下，一旦发生泄漏，低温液体会对船体、设备等造成破坏，使与其接触的低合金碳钢发生严重的脆性破裂，导致 LNG 船体某部位失去延展性，危及到整个船体结构。

4) 对人员健康的伤害

泄漏的 LNG 在汽化过程中会大量吸热，$-162℃$ 的液体一旦接触到人体皮肤会导致低温冻伤。一旦人员长时间接触天然气蒸汽，很有可能会中毒。由火灾和爆炸带来的高强度的热辐射和冲击波会对人体产生伤害。通常情况下，人员及装置对冲击波、热辐射是有一定抵抗能力的，可一旦超出人体所能承受的范围，就会发生人员伤亡事件。

2.2.4 隧洞通航风险因素

受隧洞特殊通航环境的影响,典型船舶交通事故为碰撞事故与火灾/爆炸事故。

(1)碰撞事故风险因素

碰撞事故主要分为两类,一类是前后船舶之间的碰撞,另一类是船舶碰撞隧道内壁(图2.2-1)。船舶之间碰撞的主要诱因分为人为因素和环境因素。其中,人为因素多为未保持良好船艺:未保持安全航速和间距,沟通不及时,误操作和调度不当;环境因素主要是隧洞富裕尺度不足及水流条件复杂。隐患存在后,激化事故发生的因素包括应急处置不当,照明、监控、应急呼叫系统、应急拖轮故障不可用,应急预案启动不及时等。

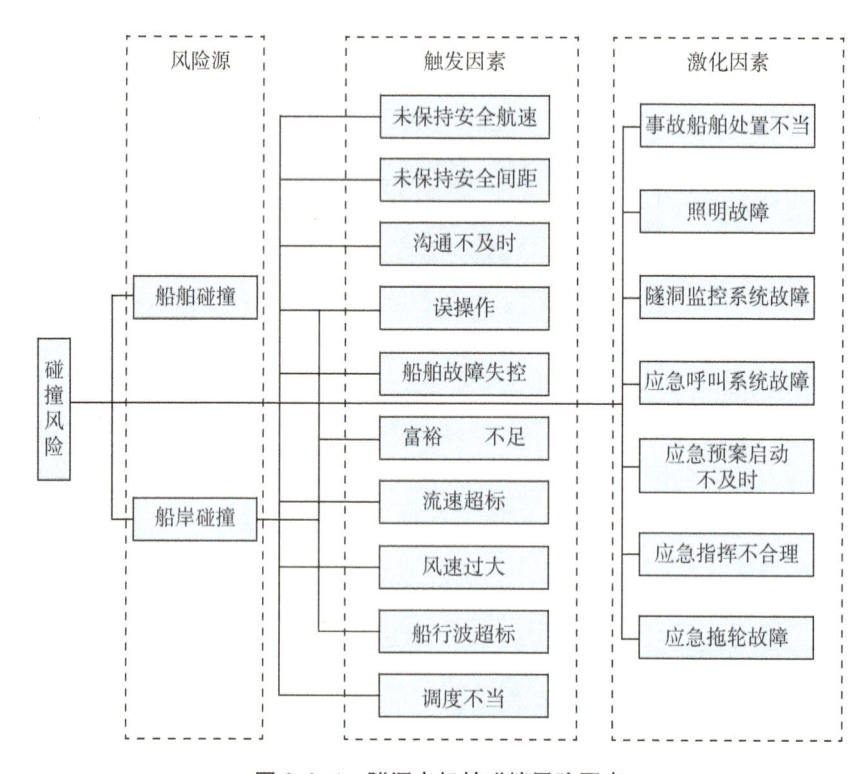

图 2.2-1 隧洞内船舶碰撞风险因素

(2)火灾/爆炸事故风险因素

火灾/爆炸事故同样分为两类,一类是载运货物火灾,另一类是船舶设备火灾(图2.2-2)。载运货物火灾的主要诱因为货物违规、货物保存不当、防火措施不到位、误操作及违章动火;船舶设备火灾的致因因素为误操作、线路老化、超负荷用电、违章动火及机械故障。事故激化因素包括火灾发生后的大气回流,消防系统、照明、通风系统、监控系统、应急呼叫系统、应急拖轮的故障,应急预案启动不及时等。

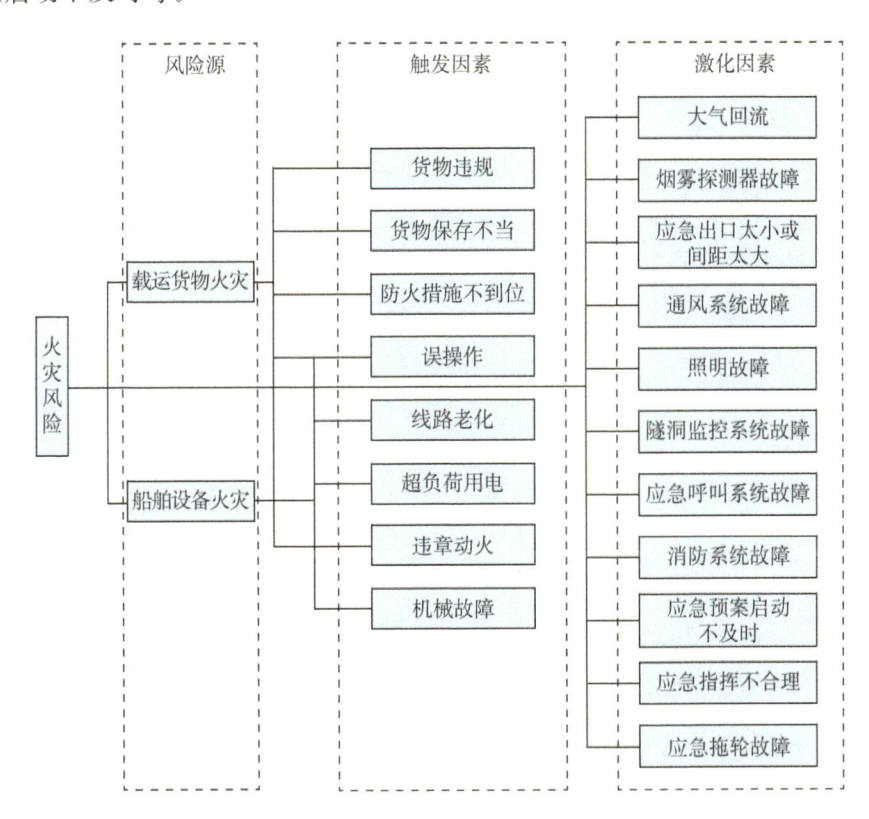

```
风险源                触发因素              激化因素
                                         ┌─ 大气回流
                    ┌─ 货物违规           ├─ 烟雾探测器故障
       ┌─ 载运货物火灾 ─┼─ 货物保存不当       ├─ 应急出口太小或间距太大
       │             └─ 防火措施不到位      ├─ 通风系统故障
火灾风险 ─┤                                ├─ 照明故障
       │             ┌─ 误操作             ├─ 隧洞监控系统故障
       │             ├─ 线路老化           ├─ 应急呼叫系统故障
       └─ 船舶设备火灾 ─┼─ 超负荷用电         ├─ 消防系统故障
                    ├─ 违章动火           ├─ 应急预案启动不及时
                    └─ 机械故障           ├─ 应急指挥不合理
                                         └─ 应急拖轮故障
```

图 2.2-2　隧洞内船舶火灾/爆炸风险因素

2.3　小结

本章在梳理了与通航隧洞有相似特征的公路隧道和限制性航道的交通风险因素的基础上,系统总结了通航隧洞的船舶航行过程风险以及特殊船舶通航事故后果特征,采用风险理论,辨识了通航隧洞典型船舶交通事故——碰撞事故与火灾/爆炸事故——的风险因素,主要分为触发类和激化类两类因素。

第3章

隧洞通航风险指标体系研究

在多指标综合评价体系中,建立指标体系是进行评价的前提条件。要对评价对象进行系统性分析,找出影响评价对象优劣水平的各相关因素,在参考有关资料和专家意见的基础上进行归纳整理,最终得到可以综合反映评价对象优劣水平的评价指标体系。

3.1 研究方法

1) 鱼骨图

鱼骨图,即 Ishikawa 图,是由 Ishikawa Kaoru 于 1968 年提出的,它将问题与潜在的根本原因联系起来,根本原因是按类别分组的,如人、机器、方法等。有些人称之为因果图,用于表述问题原因与结果的关系。这个图显示头脑风暴过程中涵盖问题的所有潜在根本原因,据此找出直接原因和间接原因等,再用不同箭头标注指示。

鱼骨图又名特性因素图,因形如鱼骨而得名,做图过程一般包含如下几步:

(1) 由问题的负责人召集与问题有关的人员组成一个工作组(work group),该组成员必须对问题有一定深度的了解。

(2) 问题的负责人将拟找出原因的问题写在黑板或白纸右边的一个三角形框内,并在其尾部引出一条水平直线,该线被称为鱼脊。

(3) 工作组成员在鱼脊上画出与鱼脊成 45 度角的直线,并在其上写出引起问题的主要原因。这些呈 45 度角的直线被称为大骨。

(4) 将引起问题的原因进一步细化,画出中骨、小骨,尽可能地列出所有原因。

(5) 对鱼骨图进行优化整理。

(6) 针对鱼骨图进行讨论。

完整的鱼骨图如图 3.1-1 所示,由于鱼骨图不以数值来表示并处理问题,而是通过整理问题与原因的层次来标明关系,因此它能很好地描述定性问题。鱼骨图的实施,要求工作组负责人(即进行交通安全诊断的专家)有丰富的指导经验,在整个过程中负责人应尽可能地为工作组成员创造友好、平等、宽松的讨论环境,使每个成员的意见都能得到完全表达,同时保证鱼骨图正确做出,既要防止将原因、现象、对策互相混淆,又要保证鱼骨图层次清晰。负责人不能对问题发表任何看法,也不能对工作组成员进行任何诱导。

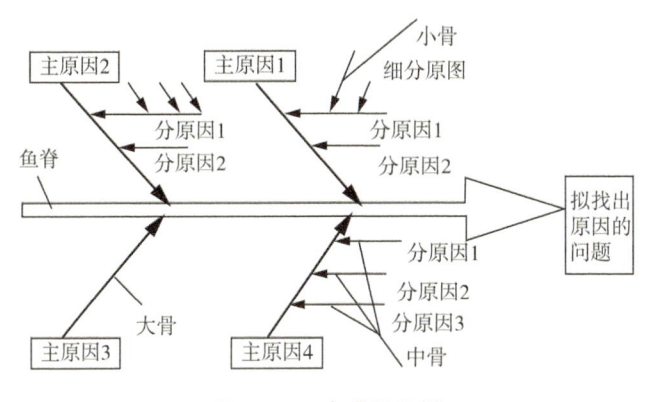

图 3.1-1　鱼骨图示例

2）德尔菲法

德尔菲法(Delphi Method,DM)是一种结构化的决策支持技术,可集中各专家的智慧,采用匿名发表意见的方式,由专家进行独立的定性判断。通过一系列调查表或问卷,向各位专家进行多次问询,并有计划地对每一轮的专家意见进行汇总和反馈,最终形成趋于一致、相对客观、可靠的结论或方案。

德尔菲法是美国兰德公司在1946年创立并实行的方法,其大致的流程如下：

(1) 确定调查的提纲和预测的内容,整理汇总并制作出调查表,调查表要写明调查目的、填写规则、回收期限等。

(2) 成立专家调查小组,根据调查的内容在相关领域选取部分有丰富理论或者实践经验的专家。

(3) 向专家调查小组发放问卷,专家根据调查表填写调查问卷,并对问卷内容提出修改意见。

(4) 回收调查问卷,对专家的第一次调查结果进行综合处理,汇总调查结果,制作成表,充分考虑专家提出的修改意见,对调查表进一步修改。

(5) 将对第一轮调查问卷进行修改后的版本作为第二轮调查问卷,同时附上第一轮的调查结果分发给各位专家,让专家可以更直观地看出自己和他人的意见分歧,作为参考来决定是否需要更改自己的意见。

(6) 经过反复发放、收集、汇总、修改的过程,最终使得专家意见趋于一致,问卷调查结束。

在专家咨询过程中有几个重要参数。

(1) 专家积极系数

专家的积极系数以调查问卷的回收率作为体现,回收率大于70%,表明专家积极性高。

(2) 判断依据系数 C_a

C_a 代表指标对专家判断的影响程度,见表 3.1-1。

表 3.1-1 判断依据系数 C_a

判断依据	对专家判断的影响程度 C_a		
	大	中	小
理论分析	0.5	0.4	0.3
实践经验	0.3	0.2	0.1
国内外参考文献	0.1	0.1	0.1
主观判断	0.1	0.1	0.1
合计	1	0.8	0.6

(3) 熟悉程度系数 C_s

C_s 代表专家对于问题的熟悉程度,见表 3.1-2。

表 3.1-2 熟悉程度系数 C_s

熟悉程度	很熟悉	熟悉	一般	不熟悉	很不熟悉
系数	1	0.75	0.5	0.25	0

专家的权威程度用权威系数 C_r 表示,该系数来自专家的自我评价,C_r 的取值介于 0 和 1 之间,越接近 1,表示专家的权威程度越高,调查问卷的可靠性越高。

$$C_r = (C_a + C_s)/2$$

(4) 意见协调程度

意见协调程度即指专家对于指标的判断是否一致,用变异系数 CV 和肯德尔协调系数 W 表示。

变异系数 CV:指标的标准差/平均值。CV 越小,表明专家的意见越趋于一致,$CV<0.25$,则表明专家对于该问题的意见一致性在可接受范围。

肯德尔协调系数 W:W 的取值范围介于 0 和 1 之间,越接近 1,表明专家的协调程度越高,当 W 介于 0.4~0.5 时,表明专家的意见协调程度在可接受范围,可以停止问卷调查。

(5) 指标的筛选标准

根据调查问卷筛选出重要性赋值均数>3.5、$CV<0.25$ 的指标。

德尔菲法选取的专家都具有一定的权威性,调查结果准确性高。由于调查问卷采用的是匿名的方式,因此专家可以自由地表达自己真实的意见,避免了权威人士的意见可能会影响到其他人的决策、不愿意与其他人发表不同看法或者是碍于情面不愿修改自己前一轮意见的情况发生。但是,德尔菲法的缺点也同样明显,其过程复杂,需要花费较长的时间。为了避免这些问题的出现,应选择专业背景较为广泛和知名度较高的专家,同时应注意问卷设计的客观性。

3)层次分析法

层次分析法(Analytic Hierarchy Process,AHP)是一种定性和定量相结合、系统化、层次化的分析方法,它将决策问题按总目标、各层子目标、评价准则分解为不同的层次结构,然后用求解判断矩阵特征向量的办法,求得每一层次各元素对上一层次某元素的优先权重,最后再用加权和的方法通过递阶归并得出最终权重。

层次分析法是由美国运筹学家萨蒂于20世纪70年代初,在研究有限电力资源约束条件下如何对电力资源进行分配,使得国家各工业部门能够按照对国家作出的福利贡献大小来获得相应的电力资源时提出来的,主要思想是面对多目标选择时,需要按照实现目标的步骤进行层次划分,每个层级包含了影响目标的多个因素,通过因素之间的相互比较,区分出各因素对目标的重要性,根据相对重要性确定因素之间的权重。在处理实际的决策问题时,会发现达到目标路径是多样化的,评价的标准也是多因素的,目标路径和评价标准是相互影响的,各因素有着不同的性质和侧重点,对达成目标的影响程度也是有差异的。比如,在选择能源系统供应商时,考虑到能源系统的优劣会受到很多因素的影响,综合体现在经济价值和环境价值中,有些系统在经济效益上表现优良,有些系统在对环境的影响方面又做得很出色,该如何确定能源系统的供应商?又比如,在企业经营绩效评价方面,影响企业绩效的因素是多样化的,是各有轻重的,反映这些因素的指标也是多角度的,指标之间又是相互影响的,因此每个指标对企业经营绩效的影响程度也是不同的。层次分析法就为这类问题提供了解决思路:它将多因素影响评价体系看作一个整体,首先将总目标分解为多个分目标或者准则,每一个目标或准则都是达成总目标的一个路径或者一个评价总目标的因素,然后再分解为多个指标或者措施的若干层次,每个层次都会受到下个层次中各个因素的影响,但影响的侧重点不一样,各有轻重,最后通过定性的指标进行数字化处理,运用模糊量化方法算出排序和层次单排序,以此确定多目标决策问题中各个指标的权重。层次分析法的关键点在于以模糊数学理论为基础,运用模糊关系的原理,将一些边界不清、不易定量的因素定量化。

总的来说,运用层次分析法解决实际问题的思路就是:第一,确定需要达到的最后目标;第二,根据实际情况,把能够影响到最终目标的各个因素确定下来,相关因素的确定要有客观的标准,因此因素的选择一定要满足全面性、可比较性、现实性、可得性等;第三,在确定影响因素后,根据它们之间的隶属关系进行层次划分,各个层次之间要有一定的递延关系,也就是说离目标层越近的层次要受到更远层次中各因素的影响;第四,结合实际情况和专家的意见,确定同一个层次中各个因素对于上一层目标的重要程度,并用数字给予量化,数字体现的规律反映了各因素重要程度的规律;第五,通过综合的数字计算,确定同一层次中各个因素对于其上一层某个因素的权重,按照同样的计算方法,将最底层因素的权重按照层次进行组合;第六,得到最底层各个因素对终极目标的权重,以此权重来标示因素对终极目标或最终问题的重要程度。

(1) 建立多级低阶层次结构

根据对所要解决的问题和需要达到的目标的了解和分析,总结出整个系统的影响因素,将所有因素按照性质进行层次排列,比较常用的就是分为三个层次:第一层,终极目标层(要求在数量上是唯一的);第二层,准则层(影响因素层),指影响措施达到终极目标的各项准则,起到承上启下的作用;第三层,具体措施层,这一层次的各项就是能够反映准则层的具体指标或者是解决问题的各项措施。

层次结构图如图3.1-2所示。

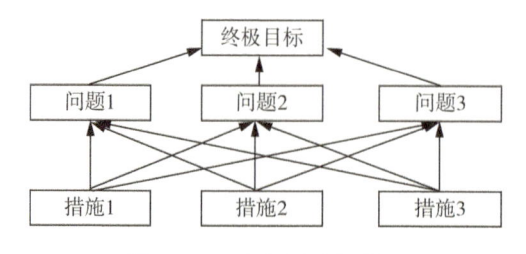

图3.1-2 多级低阶层次图

(2) 建立判断矩阵

通过判断矩阵把同一层次的各个因素进行两两比较,反映两个因素对于上一层次因素影响的重要程度。通过判断矩阵的构建,把定性的重要程度问题转化为数字之间的比较,为后面的计算打下基础,比如用 A 表示一个目标,B_1、B_2、B_3、B_4 为 A 下一个层次的影响因素,判断矩阵如表3.1-3所示。

表 3.1-3　判断矩阵

A	B_1	B_2	B_3	B_4	B_5
B_1	b_{11}	b_{12}	b_{13}	b_{14}	b_{15}
B_2	b_{21}	b_{22}	b_{23}	b_{24}	b_{25}
B_3	b_{31}	b_{32}	b_{33}	b_{34}	b_{35}
B_4	b_{41}	b_{42}	b_{43}	b_{44}	b_{45}
B_5	b_{51}	b_{52}	b_{53}	b_{54}	b_{55}

通过矩阵可以看出，b_{ij} 表示的是对于需要考察的最终目标 A，B_i 和 B_j 的重要程度。就是指，为了达到 A 这个目标，B_i 和 B_j 这两个准则分别与其他因素相比会在重要程度上有差别。b_{ij} 的数值大小反映出重要程度的高低。关于数值的确定，是通过评价的主体，特别是专门研究这一问题的专家和实际实践者结合相关因素的特点，在大量的分析讨论的基础上，依据专业知识和经验作出判断后决定的。

（3）相对重要度的计算

相对重要度指的是离最终目标层远的一个层次中各个因素两两比较后对于相邻的离最终目标层近的层次中某个因素的重要度的权重，也称为层次单排序。采用方根法，整个计算过程分为以下三步。

第一步：把矩阵里的表示重要度的数字以行为单位相乘，数字和重要性比较的对应关系见表 3.1-4。

表 3.1-4　不同情况下的数量指标

尺度	含义
$b_{ij}=9$	表示：对达成 A 而言，b_i 比 b_j 极为重要
$b_{ij}=7$	表示：对达成 A 而言，b_i 比 b_j 重要得多
$b_{ij}=5$	表示：对达成 A 而言，b_i 比 b_j 重要
$b_{ij}=3$	表示：对达成 A 而言，b_i 比 b_j 稍重要
$b_{ij}=1$	表示：对达成 A 而言，b_i 与 b_j 一样重要
$b_{ij}=1/3$	表示：对达成 A 而言，b_i 比 b_j 稍微次要
$b_{ij}=1/5$	表示：对达成 A 而言，b_i 比 b_j 次要
$b_{ij}=1/7$	表示：对达成 A 而言，b_i 比 b_j 次要得多

续表

尺度	含义
$b_{ij}=1/9$	表示:对达成 A 而言,b_i 比 b_j 极为次要
2,4,6,8	表示:重要程度介于两个相邻判断态度之间
倒数关系	$b_{ij}=1/b_{ji}$

将同一行内的每个元素相乘,相当于 $b_{i1} \times b_{i2} \times b_{i3} \times b_{i4}$,把得到的数用 W_i 表示。用数学形式表示为:

$$W_i = \prod_{i=1}^{n} b_{ij} \quad (i,j=1,2,3,\cdots,n)$$

第二步:计算 n 次方根

$$W'_i = \sqrt[n]{\prod_{i=1}^{n} b_{ij}}$$

第三步:正规化处理

$$W_i = \frac{W'_i}{\sum_{i=1}^{n} W'_i} \quad (i=1,2,3,\cdots,n)$$

求特征向量(即单排序权数)

$$\overline{\boldsymbol{W}} = (W_1, W_2, \cdots, W_n)^{\mathrm{T}}$$

(4)一致性检验

判断矩阵的构造是通过不同的专家和实践工作者根据自己的主观经验和知识储备得出的。由于判断主体对事物的认知侧重点和关注重点不一样,再加上判断客体是实际生活中的具体事物,具有一定的复杂性和多样化,存在着潜在的、不一致的情况,所以根据判断矩阵来判定因素之间的权重时需要对判断矩阵体现出来的逻辑进行一致性检验,即不能存在前后矛盾的情况,避免因素之间的重要性出现死循环。如果得出的权重关系是混乱的,可能会导致决策失误,所以应该对所构造出来的判断矩阵进行一致性检验。

假设如下矩阵 $\boldsymbol{B}_{ij}$:

$$\boldsymbol{B}_{ij} = \begin{bmatrix} b_{11} & b_{12} & \cdots & b_{1n} \\ b_{21} & b_{22} & \cdots & b_{2n} \\ \vdots & \vdots & & \vdots \\ b_{n1} & b_{n2} & \cdots & b_{nm} \end{bmatrix}$$

为判断矩阵，

$$W' = (W_1, W_2, W_3, \cdots, W_n)^T$$

一致性检验步骤如下：

计算矩阵最大特征，根据数学的一般原理，对于一个阶数为 N 的矩阵来说，其最大特征根为单根，并有 λ_{max} 大于等于 N，简单来说，在 λ_{max} 等于 N 的情况下，可以推出其余特征根均为 0，同时可以推出 $\boldsymbol{B}$ 这个判断矩阵具有完全一致性。当 λ_{max} 稍大于 N，而剩下的其他特征根接近于 0 时，$\boldsymbol{B}$ 具有满意的一致性。具体来说，可以通过计算一致性指标来检验判断矩阵的一致性，其中 $\lambda_{max} = \sum_{i=1}^{n} \frac{(\boldsymbol{B}W')_i}{nW_i} = \frac{1}{n} \sum_{i=1}^{n} \frac{\sum_{j=1}^{n} b_{ij}W_j}{W_i}$。

计算一致性指标：

$$CI = \frac{\lambda_{max} - n}{n - 1}$$

一般情况下，当 $CI=0$ 时可以说判断矩阵具有完全一致性，比如：A 比 B 重要，B 比 A 次要。当 CI 等于其他值时就表示判断矩阵不具备完全一致性，这时就需要平均随机一致性指标（RI）参与判断，具体如表 3.1-5 所示。

表 3.1-5 不同阶数下的 RI 值

矩阵阶数	1	2	3	4	5	6	7	8	9	10
RI	0.00	0.00	0.52	0.89	1.12	1.26	1.36	1.41	1.46	1.49

计算一致性比例：

$$CR = CI/RI$$

当 CR 小于 0.1 时，认为判断矩阵的一致性是可以接受的，若大于或等于 0.1，则说明需要调整判断矩阵。

（5）综合重要度的计算

上面计算了离最终目标较远的一个层次中各个因素对相邻的较最终目标层近的一个特定因素的相对重要度，接下来需要计算离最终目标较远层次中各个因素对第一层的综合重要度。

假设通过上一节的计算，确定了对于最终目标 A 的影响因素 $B_1, B_2, B_3, \cdots, B_n$ 所有指标之间的权重比例，设为 $(b_1, b_2, b_3, b_4, \cdots, b_n)$。对于 B_i 都会受到第三层指标 $D_1, D_2, D_3, \cdots, D_n$ 的影响，运用同样的办法，将第三层次元素之间相对于上一层指标的影响程度两两比较，分别建立判断矩阵，得出 d_{i1}, d_{i2},

$d_{i3},\cdots,d_{in}$,用于表示针对上一层指标B_i的权重,那么要想得到D_i对于A的重要性的权重,把在B_i处的权重相加即可,计算方式见表3.1-6。

表3.1-6 综合重要度计算表

A													
B_1			B_2			B_3			B_4			B_5		
D_{11}	D_{12}	D_{13}	D_{21}	D_{22}	D_{23}	D_{31}	D_{32}	D_{33}	D_{41}	D_{42}	D_{43}	D_{51}	D_{52}	D_{53}

$D_j^A = \sum_{i=1}^{n} b_i \times d_{ij}$,$d_{ji}$表示这一层次中第$i$个元素对上一个层次中的第$j$个元素的影响度

3.2 评价指标选取原则

为全面、客观地评价隧洞通航风险,为隧洞的建设提供指导方向及向运营提供决策依据,在评价指标选取、指标体系构建及应用的过程中,遵循如下基本原则。

(1) 科学性与客观性相结合的原则

指标必须有科学的理论依据,单个指标在理论上是比较完备的,能客观、科学地反映评价目标的相关信息。指标的选择、指标权重的确定、数据的采集、计算与分析等应以科学的评价、计算方法为依据。

(2) 全面性与代表性相结合的原则

指标体系应能反映隧洞通航系统的各个方面,并能充分揭示各类指标间的内部关联性。评价目标和评价指标应为一个由目标层、准则层、指标层构成的有机整体。指标选取在全面性的基础上,应充分结合隧洞通航运营实际及自身特殊性,选取的指标应能反映问题的本质。

(3) 动态性与静态性相结合的原则

隧洞船舶通航是一个动态发展的过程,其是否满足安全、畅通、高效的要求,要综合分析各要素的静态水平和动态趋势才能作出客观、科学、合理的评价。

(4) 可比性与可操作性相结合的原则

指标体系构建应以理论分析为基础,充分考虑资料的可获取性、指标的可测性及可比性。指标体系应包含表述特征的定性指标和评价性的定量指标,应尽可能减少难以量化或者定性的指标的数量。

(5) 定量指标与定性指标相结合的原则

定量指标通常易于评价,能较为准确地给出评价结果,但常因内容过于具体而覆盖面不全;定性指标通常易于描述,能综合反映管理水平,但难以准确评价。

在实际应用中,通常需将两种指标相结合。

(6) 数量精简与操作简便的原则

评价指标数不宜过多或过少,数量过多则可操纵性不大,且各指标间的关联性也会干扰有效评价;数量过少则不能全面地作出客观评价。因此应在全面调研的基础上,经过不断筛选、调整选取出精简适量、可操性强、共识度高的指标。

3.3 隧洞通航风险评价指标体系

船舶在通航隧洞内的航行过程是一个复杂系统,该系统由"人—船—环境—管理"四方面子系统构成,系统中各因素之间的关系错综复杂。通航隧洞较普通航道具有尺度受限、低照度、低空气流动性等复杂通航环境,导致隧洞内影响船舶航行安全的风险源增加且更加复杂。为了更好地评价各影响因素对船舶在隧洞内安全航行的影响程度,参考船舶通航安全评价方面取得的相关研究成果,遵循"科学性与客观性、全面性与代表性、动态性与静态性、可比性与可操作性、定量指标与定性指标、数量精简与操作简便"六结合原则,设计并向海事管理部门、枢纽通航管理部门、船员、隧洞设计人员等发放了隧洞通航风险评价指标体系问卷调查表,以船舶航行风险为评价目标对调查的结果进行了梳理、分析和总结,最终构建了隧洞内船舶通航风险评价指标体系鱼骨图,如图3.3-1所示。

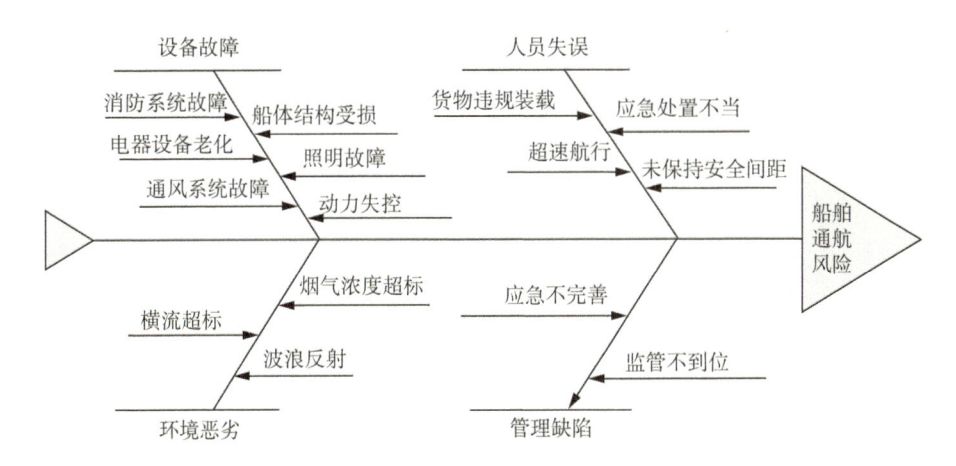

图 3.3-1 隧洞通航风险致因因素鱼骨图

3.4 隧洞通航风险关键因子

3.4.1 建立层次结构模型

AHP是一种通过获取最低层(供决策的方案、措施等)相对于最高层(总目标)的相对重要权值或相对优劣次序的层次权重决策分析方法,优点是系统化分析,简洁实用,容易被决策者所了解和掌握。根据二者都基于定性分析原理及相似的结构形式,可以将所绘制的隧洞通航风险致因因素鱼骨图转化为层次结构模型,如图3.4-1所示。整个系统分为三层,总目标层(A层)为船舶通航风险,过渡层(B层)为4个主因素,底层(C层)为4个主因素下面的15个子因素。

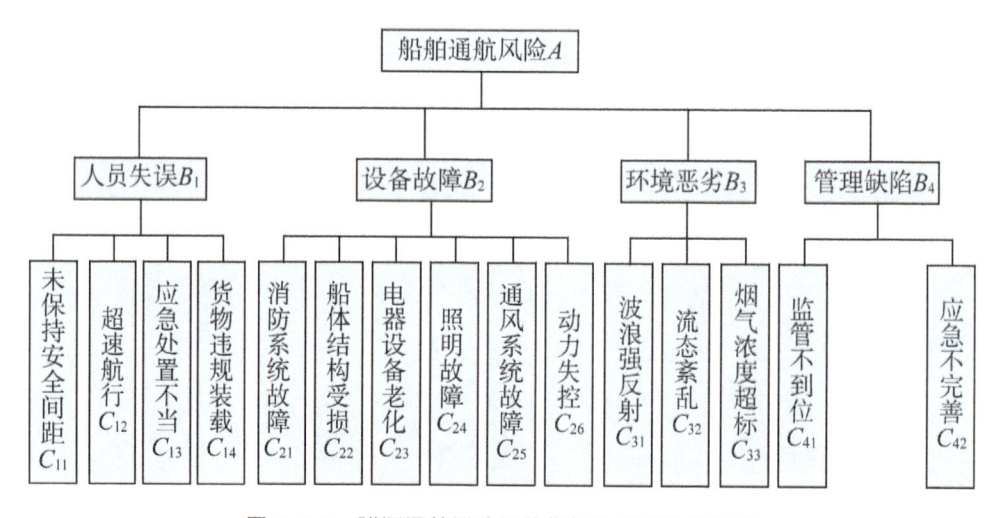

图3.4-1 隧洞通航风险评价指标体系层次结构图

3.4.2 构建判断矩阵

采取德尔菲法向专家咨询各指标对于上一层级指标的重要程度。根据专家意见,比照表3.4-1中的评价标度进行两两对比,得出指标间的判断矩阵A_0,见式(3-1)。指标重要程度是针对对应因素发生后对船舶安全航行的影响概率及危害后果进行综合考虑后的结果。

表 3.4-1　评价标度表

元素	标度值	语义
a_{ij}	1	以上一层指标为准则,本层次指标 i 与指标 j 相比,两个指标同等重要
	3	以上一层指标为准则,本层次指标 i 与指标 j 相比,i 比 j 稍微重要
	5	以上一层指标为准则,本层次指标 i 与指标 j 相比,i 比 j 明显重要
	7	以上一层指标为准则,本层次指标 i 与指标 j 相比,i 比 j 强烈重要
	9	以上一层指标为准则,本层次指标 i 与指标 j 相比,i 比 j 极其重要
	2,4,6,8	指标 i 与指标 j 重要性比较结果介于上述相邻标准之间
a_{ji}	倒数	指标 j 与指标 i 的重要性比较结果是指标 i 与指标 j 重要性比较结果的倒数

$$\boldsymbol{A}_0 = \begin{bmatrix} a_{11} & \cdots & a_{1n} \\ \vdots & & \vdots \\ a_{n1} & \cdots & a_{nn} \end{bmatrix} \tag{3-1}$$

式中:a_{ij} 为指标 i 相对于指标 j 的重要程度。

由此可得出过渡层及底层指标的判断矩阵,见式(3-2)~式(3-6)。

$$\boldsymbol{A} = \begin{bmatrix} 1 & 4 & 9 & 7 \\ \dfrac{1}{4} & 1 & 7 & 5 \\ \dfrac{1}{9} & \dfrac{1}{7} & 1 & \dfrac{1}{2} \\ \dfrac{1}{7} & \dfrac{1}{5} & 2 & 1 \end{bmatrix} \tag{3-2}$$

$$\boldsymbol{B}_1 = \begin{bmatrix} 1 & \dfrac{1}{7} & \dfrac{1}{6} & \dfrac{1}{4} \\ 7 & 1 & 3 & 5 \\ 6 & \dfrac{1}{3} & 1 & 3 \\ 4 & \dfrac{1}{5} & \dfrac{1}{3} & 1 \end{bmatrix} \tag{3-3}$$

$$\boldsymbol{B}_2 = \begin{bmatrix} 1 & 2 & 4 & 7 & \frac{1}{3} & \frac{1}{5} \\ \frac{1}{2} & 1 & 3 & 6 & \frac{1}{5} & \frac{1}{7} \\ \frac{1}{4} & \frac{1}{3} & 1 & 3 & \frac{1}{6} & \frac{1}{8} \\ \frac{1}{7} & \frac{1}{6} & \frac{1}{3} & 1 & \frac{1}{7} & \frac{1}{9} \\ 3 & 5 & 6 & 7 & 1 & \frac{1}{3} \\ 5 & 7 & 8 & 9 & 3 & 1 \end{bmatrix} \tag{3-4}$$

$$\boldsymbol{B}_3 = \begin{bmatrix} 1 & \frac{1}{3} & \frac{1}{8} \\ 3 & 1 & \frac{1}{5} \\ 8 & 5 & 1 \end{bmatrix} \tag{3-5}$$

$$\boldsymbol{B}_4 = \begin{bmatrix} 1 & 2 \\ \frac{1}{2} & 1 \end{bmatrix} \tag{3-6}$$

计算上述判断矩阵的特征值 $\lambda_{\max}$ 及其对应的特征向量 $\overline{\boldsymbol{W}}$，对 $\overline{\boldsymbol{W}}$ 进行归一化得到向量 $\boldsymbol{W}$ 的元素 ω_i 即各指标的权重值：

$$\boldsymbol{W} = \left[\sum_{j=1}^{n} \frac{a_{1j}}{\sum_{i=1}^{n} a_{ij}}, \sum_{j=1}^{n} \frac{a_{2j}}{\sum_{i=1}^{n} a_{ij}}, \cdots, \sum_{j=1}^{n} \frac{a_{nj}}{\sum_{i=1}^{n} a_{ij}} \right] \tag{3-7}$$

$$\lambda_{\max} = \frac{1}{n} \sum_{i=1}^{n} \frac{(\boldsymbol{A}_0 \boldsymbol{W})_i}{\omega_i} \tag{3-8}$$

式中：n 为判断矩阵的维数；$(\boldsymbol{A}_0 \boldsymbol{W})_i$ 表示向量的第 i 个元素。

为保证各指标重要度之间的协调性，避免出现矛盾情况，需对判断矩阵 $\boldsymbol{A}_0$ 一致性进行检验，判断矩阵的一致性指标 CI 及一致性比例 CR 可按下式计算：

$$CI = \frac{\lambda_{\max} - n}{n - 1} \tag{3-9}$$

$$CR = \frac{CI}{RI} \tag{3-10}$$

式中：RI 为平均随机一致性指标。当 $CR<0.1$ 时，认为判断矩阵 A_0 的一致性可以接受；否则，认为判断矩阵 A_0 不具有一致性，还需要对判断矩阵进行适当调整修正，消除逻辑错误，直至其通过一致性检验。

3.4.3 评价指标综合权重的计算

在评价指标体系中，经计算，目标层 A 的判断矩阵一致性指标 $CR=0.0621^*<0.1$，过渡层 B_1、B_2、B_3 的判断矩阵一致性指标 CR 值依次为 0.0636、0.0734、0.0380，均小于0.1，通过一致性检验，B_4 的判断矩阵总是一致的。评价指标的综合权重指标见表3.4-2。

表 3.4-2 评价指标的单层权重及综合权重

评价指标		单层权重	综合权重
B_1(0.6014)	C_{11}	0.0490	0.0294
	C_{12}	0.5576	0.3353
	C_{13}	0.2686	0.1616
	C_{14}	0.1249	0.0751
B_2(0.2731)	C_{21}	0.1267	0.0346
	C_{22}	0.0840	0.0229
	C_{23}	0.0430	0.0117
	C_{24}	0.0247	0.0067
	C_{25}	0.2542	0.0694
	C_{26}	0.4675	0.1277
B_3(0.0476)	C_{31}	0.0752	0.0036
	C_{32}	0.1830	0.0087
	C_{33}	0.7418	0.0353
B_4(0.0779)	C_{41}	0.6667	0.0520
	C_{42}	0.3333	0.0260

由表3.4-2可知，人为因素 B_1 是隧洞通航风险的主要致因，这与"绝大部分海事事故与人为因素有关"这一观点基本一致；其次是设备故障 B_2，这主要是由通航隧洞特殊的地下环境造成的。评价指标中 C_{12}（超速航行）、C_{13}（应急处置不当）、C_{26}（动力失控）、C_{14}（货物违规装载）、C_{25}（通风系统故障）、C_{41}（监管不到位）这6个指标综合权重均大于0.05，相对较为重要。为此，通航隧洞在设计建

---

* 本书计算数据因四舍五入原则，存在微小数值偏差。

造过程中需合理布置监管设施设备及通风系统并保证运行效能,制定严格的通航管理规定,船舶进入通航隧洞前应进行严格检查,确保船舶适航、货物适运,及时提醒超速船舶并加大处罚力度,培训应急管理及现场处置人员,定期演习,提升应急处置能力。

3.5 小结

(1) 以评价指标体系构建理论和方法为指导,针对隧洞通航安全问题复杂、多层次的特点,通过调研相关部门,经多次专家咨询,对隧洞通航风险致因因素进行了归纳分析,采用鱼骨图分析法构建了隧洞通航风险评价指标体系,包含3个层次,其中一级指标1个,二级指标4个,三级指标15个。

(2) 采用层次分析法明确各指标间的逻辑关系和层次定位,根据评价标度表,建立各级指标的判断矩阵,进而确定出各指标的综合权重,明确了各个指标的重要程度。在4个主因素中,人为因素仍是隧洞通航风险的主要致因;在15个子因素中,C_{12}、C_{13}、C_{26}、C_{14}、C_{25} 和 C_{41} 6个指标影响程度重大,且权重值均大于0.05,因此这6个指标是隧洞通航风险的最主要诱因,应优先给予考虑,并严格控制和重点预防。

(3) 隧洞通航风险是不断演化的动态过程,其指标选取和评价标准并非固定不变,因此需根据实际情况不断更新和调整。可根据特定情况,补充、完善或删减指标,指标权重值的确定也应充分考虑实际情况和专家经验。

第 4 章

隧洞通航风险评价方法研究

4.1 证据理论

4.1.1 证据理论的基本概念

(1) 识别框架

在 D-S 证据理论中，一般用集合来表示不确定性命题。当某一命题可能存在的全部答案都是两两相互排斥的，那么由这些可能的答案组成的有限集合用 Θ 来表示，即 $\Theta=\{\theta_1,\theta_2,\cdots,\theta_j,\cdots,\theta_N\}$，称 Θ 为本命题的识别框架。通常将 θ_j 看作识别框架 Θ 的一个元素或者子集，其中 N 表示该识别框架中元素或者子集的数量，$j=1,2,3,\cdots,N$。

识别框架的选取因对所涉及命题的认知程度和选取命题的不同而存在差异。当所涉及命题的识别框架包含了和本命题相关的所有可能答案，即不存在除此之外的其他元素隶属于该框架，那么我们称该识别框架是完备的，否则认为该识别框架是不完备的。

通常识别框架 Θ 的幂集是指由 Θ 所有可能的子集组成的集合，一般用 2^Θ 来表示，即 $2^\Theta=\{\varnothing,\{\theta_1\},\{\theta_2\},\{\theta_3\},\{\theta_1\bigcup\theta_2\},\{\theta_1\bigcup\theta_3\},\cdots,\Theta\}$。任一子集都相应地代表一个命题的答案。

(2) 基本信任分配函数

假设 Θ 是某一命题的识别框架，如果存在任意函数 m，使得识别框架 Θ 的幂集 2^Θ 的每一个元素都能映射到区间 $[0,1]$ 上的一个数值，且满足式 (4-1)：

$$\begin{cases} m(\varnothing)=0 \\ \sum_{A\in\Theta}m(A)=1 \end{cases} \tag{4-1}$$

则称 m 为识别框架 Θ 的基本信任分配。对于 $\forall A\subset\Theta$，若满足以上式子，称 $m(A)$ 为事件 A 的基本信任分配函数，它表示证据对事件 A 的精确信任度。

$m(A)$ 也被称为命题的质量函数或者 mass 函数，是将对经验模糊化后得到的数据进行构造而成的。

(3) 信任函数

假设 m 为识别框架 Θ 的基本信任分配，如果存在一个函数 Bel，使得识别框架 Θ 的幂集 2^Θ 的每一个元素在区间 $[0,1]$ 上都能找到相应的映射值。若识别框架 Θ 的任一子集 A 都能满足式 (4-2)：

$$Bel(A)=\sum_{B\subseteq A}m(B) \tag{4-2}$$

则称 $Bel(A)$ 为集合 A 在该识别框架 Θ 内的信任函数，$Bel(A)$ 通常表示集合 A 在该识别框架 Θ 上为真的信任度。

只有在满足①$Bel(\varnothing)=0$；②$Bel(\Theta)=1$；③对于 $\forall A_1,A_2,A_3 \subset \Theta$，且

$$Bel(\bigcup_{i=j}^{N} A_i) \geqslant \sum_{i=j}^{N} Bel(A_i) - \sum Bel(A_i \cap A_j) + \cdots + (-1)^{n+2} Bel(\bigcap_{i=j}^{N} A_i) = \sum_{\substack{i \subset (1,2,\cdots,N) \\ j=\varphi}} (-1)^{n+x} Bel(\bigcap_{i<j} A_i) \ (N \text{ 为任意自然数}) \tag{4-3}$$

的条件时，集函数 Bel 才是 Θ 的信任函数。

当识别框架 Θ 幂集 2^{Θ} 中任一集合 A 的基本信任分配函数 $m(A)>0$ 时，则称集合 A 为该信任函数 Bel 的焦点元素（focal element），简称焦元，且所有焦元的集合称作该信任函数 Bel 的核（core）。

（4）似然函数

假设有一个函数 Bel 是识别框架 Θ 的信任函数，如果存在一个函数 PL 使得识别框架 Θ 内的任一子集 A 在集合 $[0,1]$ 上找到相应的映射值，那么识别框架 Θ 内的任一子集 A 都能满足式(4-4)：

$$PL(A) = 1 - Bel(\overline{A}) \tag{4-4}$$

一般将 $PL(A)$ 称为集合 A 在该识别框架 Θ 内的一个似然函数，它一般用来表示集合 A 在该识别框架 Θ 上为非假的信任度，$Bel(\overline{A})$ 表示集合 A 在该识别框架 Θ 上为假的信任度。

4.1.2 证据理论合成规则

D-S证据合成规则能将来自同一识别框架，但基于不同的证据来源且不同证据之间不是完全冲突的基本信任分配函数和信任函数，通过该法则合成概率分配函数，并依此计算出新信任函数。

假设 E_1 和 E_2 为同一识别框架 Θ 上的两个不完全冲突的证据，m_1、m_2 为与证据 E_1 和 E_2 相对应的基本信任分配函数，A_i 和 B_j 分别为 m_1 和 m_2 的焦元，并分别用图 4.1-1 和图 4.1-2 表示它们之间的相互关系。

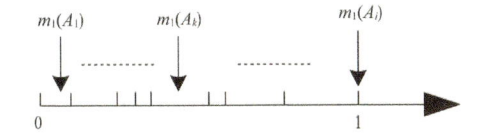

图 4.1-1 证据 E_1 所有焦元的基本信任分配函数对应图

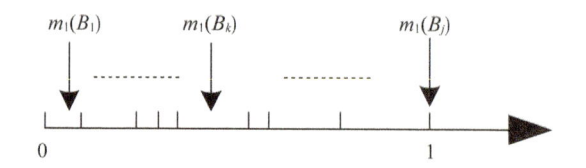

图 4.1-2 证据E_2所有焦元的基本信任分配函数对应图

如图 4.1-1 和图 4.1-2 所示,区间[0,1]中的某个区段表示根据不同证据下的基本信任分配函数决定的在该焦元上的信任分配值。

对图 4.1-1 和图 4.1-2 进行综合分析可得到如图 4.1-3 所示的矩形图。图中横坐标对应的是 m_1 分配到相应焦元 A_i 上的基本信任分配值,纵坐标对应的是 m_2 分配到相应焦元 B_j 上的基本信任分配值。其中,图中阴影部分表示的是应用证据理论合成规则合成的概率分配测度,其值计为 $m_1(A_i)m_2(B_j)$。由于 $m_1(A_i)m_2(B_j)$ 识别框架是同时分配到 A_i 和 B_j 的基本信任分配,所以 Bel_1 和 Bel_2 的基于 D-S 证据合成规则的联合作用就是将 $m_1(A_i)m_2(B_j)$ 分配到 $A_i \cap B_j$ 上。

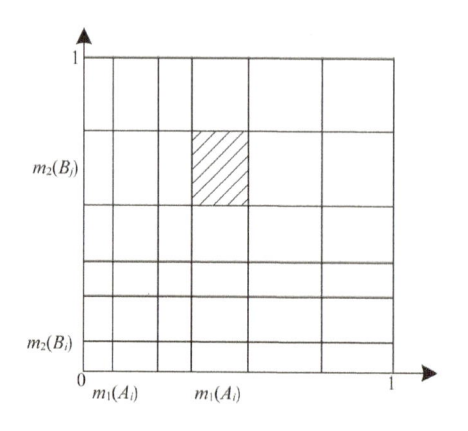

图 4.1-3 D-S 证据合成规则联合作用

假定 $A \subseteq \Theta$,若存在 A_i 和 B_j,满足 $A_i \cap B_j = A$,则 $m_1(A_i)m_2(B_j)$ 就是确切分配到子集 A 上的基本信任的分配值,因此确切分配到 A 上的总体基本信任分配值是 $\sum_{A_i \cap B_j = A} m_1(A_i)m_2(B_j)$。

综上所述,D-S 证据合成规则的定义如下:

E_1 和 E_2 为同一识别框架 Θ 中不完全冲突的两个证据,m_1 和 m_2 为同证据 E_1 和 E_2 相应的基本信任的分配函数,Bel_1 和 Bel_2 为其相对应的信度函数,其焦元分别为 A_i 和 B_j。当 $K = \sum_{A_i \cap B_j = \varnothing} m_1(A_i)m_2(B_j) < 1$ 时,D-S 证据合成规

则表达为：

$$m(A)=m_1\oplus m_2(A)=\begin{cases}\dfrac{\sum\limits_{A_i\cap B_j=A}m_1(A_i)m_2(B_j)}{1-K} & (A\neq\varnothing)\\ 0 & (A=\varnothing)\end{cases} \quad (4\text{-}5)$$

式中：$K=\sum\limits_{A_i\cap B_j=\varnothing}m_1(A_i)m_2(B_j)<1$。

4.2 模糊规则库构建

在利用证据理论进行通航风险评价之前，需要先建立影响通航安全的因素与通航风险之间的关系，主要包括人员、船舶、环境、管理等相关的因素。这些因素大多数为定性的，例如船员素质、船舶的适航状态、海事管理水平等。为了能够有效地反映这些因素在不同时间和空间上的差别，首先对其进行模糊化处理，划分为若干等级。一般情况下，可以根据实际情况的不同，将各个因素划分为三个或者五个状态，例如，可以将船员素质划分为"高""一般""低"三个等级，也可以划分为"非常低""低""一般""高""非常高"五个等级。具体等级数量可以根据实际情况确定，但是等级数量一般不会超过七个。

确定了通航风险因素等级划分后，可以建立能够反映风险因素与通航风险之间映射关系的模糊规则库。将通航风险作为上层指标，将风险因素作为下层指标，假设下层指标共有 $H=\{H_1,H_2,\cdots,H_m\}$ 个状态，每个状态的输入概率分别为 $\alpha_i(i=1,2,\cdots,m)$，上层指标共有 $C=\{C_1,C_2,\cdots,C_n\}$ 个状态，每个状态的概率分别为 $\beta_j(j=1,2,\cdots,n)$。将下层指标的第 i 个标准与上层指标的第 j 个标准的映射关系定义为 p_{ij}，则建立的模糊规则库如图 4.2-1 所示。

如图 4.2-1 所示，假设下层指标的输入为 $\{(H_1,\alpha_1),(H_2,\alpha_2),\cdots,(H_m,\alpha_m)\}$，其中 $\sum\limits_{i=1}^{m}\alpha_i=1$，则在该映射规则下，上层指标的输出值可以表示为：

$$\beta_i=\sum_{i=1}^{m}\sum_{j=1}^{n}\alpha_i p_{ij} \quad (4\text{-}6)$$

因此，上层指标的最终输出值为 $\{(C_1,\beta_1),(C_2,\beta_2),\cdots,(C_n,\beta_n)\}$。由以上推导可知，$\sum\limits_{i=1}^{n}\beta_i=1$。另外需要说明的是，对于定量的指标来说，需要对其进行泛化处理得到下层指标的泛化形式。以下举例说明定量指标的泛化处理方法：假设在某定量指标中设定某个等级的量化值为 $v_1,v_2,\cdots,v_m$，且该指标的输入值 v_k 位于 v_i 和 v_{i+1} 之间，如图 4.2-2 所示。

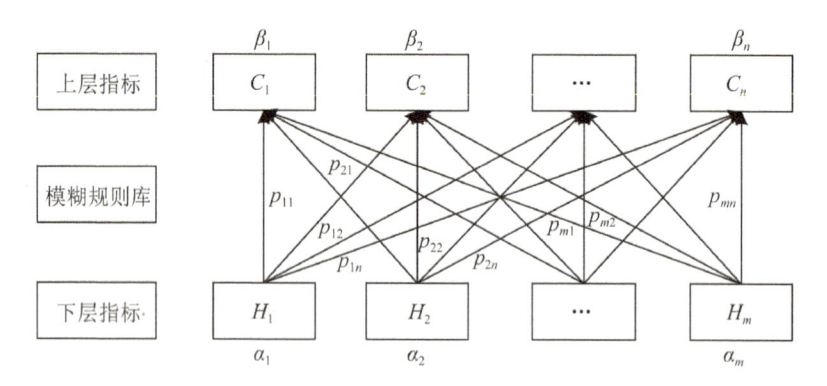

图 4.2-1 模糊规则库构建示意图

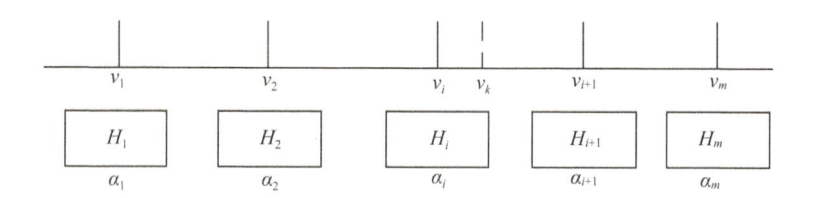

图 4.2-2 定量数据泛化处理示意图

指标输入值越靠近某个等级的设定值,则属于该等级的概率越高。按照这一思路,采用线性插值的思想,得到:

$$\alpha_i = \frac{v_{i+1} - v_k}{v_{i+1} - v_i}, \alpha_{i+1} = \frac{v_k - v_i}{v_{i+1} - v_i} \tag{4-7}$$

由上式可知,$\alpha_i + \alpha_{i+1} = 1$。此时,该下层指标的输入变量则转化成以下形式:

$$\{(H_1,0),(H_2,0),\cdots,(H_i,\alpha_i),(H_{i+1},\alpha_{i+1}),(H_m,0)\}$$

为了详细描述模糊规则库的基本原理,以下用一个具体案例加以说明。

假设下层指标为交通安全监管水平,划分为"非常好""好""一般""差""非常差"五个等级,通航风险划分为"非常低""低""一般""高""非常高"五个等级,模糊规则库可以用以下矩阵形式表示:

$$\boldsymbol{p} = \begin{bmatrix} p_{11} & p_{21} & \cdots & p_{15} \\ p_{21} & p_{22} & \cdots & p_{25} \\ \vdots & \vdots & & \vdots \\ p_{51} & p_{52} & \cdots & p_{55} \end{bmatrix} = \begin{bmatrix} 0.9 & 0.1 & 0 & 0 & 0 \\ 0.1 & 0.8 & 0.1 & 0 & 0 \\ 0 & 0 & 0.9 & 0.1 & 0 \\ 0 & 0 & 0.1 & 0.8 & 0.1 \\ 0 & 0 & 0 & 0.1 & 0.9 \end{bmatrix} \tag{4-8}$$

此时的模糊规则库如图4.2-3所示,图中没有显示所有的映射规则,为了简化,映射关系为0的规则全部被略去。

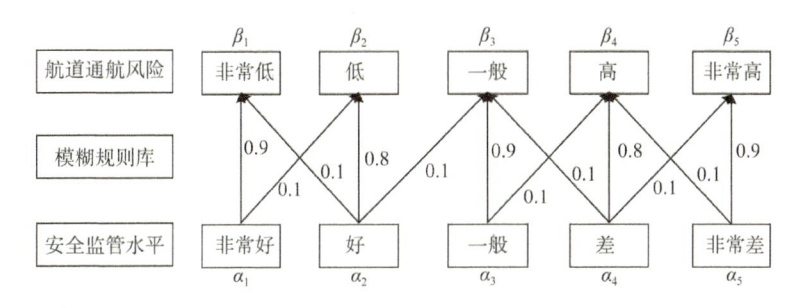

图 4.2-3　安全监管水平与通航风险模糊规则

在这种模糊映射规则下,假设水上交通监管水平的输入值 $\alpha_1=0.3,\alpha_2=0.5,\alpha_3=0.1,\alpha_4=0.1,\alpha_5=0$,那么通航风险的输出可以按照以下方式计算:

$\beta_1=\alpha_1\times p_{11}+\alpha_2\times p_{21}=0.3\times 0.9+0.5\times 0.1=0.32$

$\beta_2=\alpha_1\times p_{12}+\alpha_2\times p_{22}=0.3\times 0.1+0.5\times 0.8=0.43$

$\beta_3=\alpha_2\times p_{23}+\alpha_3\times p_{33}+\alpha_4\times p_{43}=0.5\times 0.1+0.1\times 0.9+0.1\times 0.1=0.15$

$\beta_4=\alpha_3\times p_{34}+\alpha_4\times p_{44}+\alpha_5\times p_{54}=0.1\times 0.1+0.1\times 0.8+0\times 0.1=0.09$

$\beta_5=\alpha_4\times p_{45}+\alpha_5\times p_{55}=0.1\times 0.1+0\times 0.1=0.01$

因此,通航风险的最终输出形式为:

{(非常低,0.32),(低,0.43),(一般,0.15),(高,0.09),(非常高,0.01)}

(4-9)

4.3　基于证据融合的隧洞通航风险评价

当拥有多个下层因素与上层通航风险因素之间的模糊规则库,并根据实际通航情况获得下层指标的输入和上层指标的泛化表达方式后,将每条规则看作一条证据,可以利用证据融合算法将这些上层指标的表达加以融合,获取最终的风险预测结果。

4.3.1　隧洞通航风险证据融合方法

通过下层指标输入、模糊规则库,以及上下层指标的映射获得的 M 条证据如表4.3-1所示,其中每条证据的权重为 $\theta_i(i=1,\cdots,M)$。证据的权重可以根据下层指标对通航风险的影响程度进行确定,并且所有证据的权重之和应该为

1。一般情况下,可以邀请相关领域的专家采用打分的方式来确定该权重,利用层次分析法进行深入研究,在上一章中已进行了论述。

表 4.3-1　通航风险证据集合

证据编号	证据权重	上层指标等级			
		C_1	C_2	...	C_N
1	θ_1	β_1^1	β_1^1	...	β_N^1
2	θ_2	β_1^2	β_2^2	...	β_N^2
⋮	⋮	⋮	⋮		⋮
M	θ_M	β_1^M	β_2^M	...	β_N^M

由于证据融合不满足结合律,因此需要将所有证据统一进行处理。利用 4.1 节介绍的证据融合方法可以得到通航风险数据等级 j 的置信度,使用式(4-10)计算:

$$\beta_j = \frac{\mu \cdot \left[\prod_{k=1}^{M}(\theta_k \beta_j^k + 1 - \theta_k) - \prod_{k=1}^{M}(1-\theta_k)\right]}{1 - \mu \cdot \left[\prod_{k=1}^{M}(1-\theta_k)\right]} \quad (j=1,2,\cdots,N) \quad (4\text{-}10)$$

其中,

$$\mu = \left[\sum_{l=1}^{N}\prod_{k=1}^{M}(\theta_k \beta_l^k + 1 - \theta_k) - (N-1)\prod_{k=1}^{M}(1-\theta_k)\right]^{-1} \quad (4\text{-}11)$$

在获得通航风险各个等级的置信度后,就可以得到通航风险最终预测结果,表示为:

$$C = \{((C_1, \beta_1), (C_2, \beta_2), \cdots, (C_n, \beta_n)\} \quad (4\text{-}12)$$

4.3.2　通航风险效用值计算

从以上通航风险评价结果来看,结果以概率的方式表示,这是一种不确定的形式。这种形式虽然能够较为精确地反映实际情况,但是会给不同水域,以及同一水域在不同交通组织下的安全形势的比较造成一定的困难。因此,本部分引入效用值的概念,将以上不确定的形式转化成确定的形式。

定义 $u(H_n)$ 为通航风险等级 H_n 的效用值,假设通航风险等级是按照从好到差的顺序排列,那么效用值满足 $u(H_{n+1}) > u(H_n)$,效用值的定义可以根据实际情况确定,可以以线性或者非线性的函数表示,也可以根据经验人为设定。

定义好效用值后,评价结果可以利用式(4-13)计算出确定的形式:

$$U = \sum_{i=1}^{N} \beta_i u(H_i) \tag{4-13}$$

通过以上处理,就可以将不同的通航隧洞,以及同一隧洞在不同交通组织方式下的通航风险情况进行相互比较。需要说明的是,效用值的引入并没有实际的物理意义,仅仅是为了方便比较,而效用值的选取对最终的比较结果会产生一定的影响。

4.4 隧洞通航安全风险评价的层次模型

4.4.1 评价层次模型构建

基于第3章的研究结果,本章用于隧洞通航风险评价的层次模型、各层级的相对权重及底层指标合成权重如表4.4-1所示。

表4.4-1 隧洞通航风险评价层次模型

评价目标	一级评价指标	二级评价指标	合成权重
隧洞通航风险	人员失误(0.601 4)	未保持安全间距(0.049 0)	0.029 4
		超速航行(0.557 6)	0.335 3
		应急处置不当(0.268 6)	0.161 6
		货物违规装载(0.124 9)	0.075 1
	设备故障(0.273 1)	消防系统故障(0.126 7)	0.034 6
		船体结构受损(0.084 0)	0.022 9
		电器设备老化(0.043 0)	0.011 7
		照明故障(0.024 7)	0.006 7
		通风系统故障(0.254 2)	0.069 4
		动力失控(0.467 5)	0.127 7
	环境恶劣(0.047 6)	波浪强反射(0.075 2)	0.003 6
		流态紊乱(0.183 0)	0.008 7
		烟气浓度超标(0.741 8)	0.035 3
	管理缺陷(0.077 9)	监管不到位(0.666 7)	0.052 0
		应急不完善(0.333 3)	0.026 0

4.4.2 指标映射规则库

结合专家调查的意见,本书针对上下级评价指标建立了相应的映射规则库。

表 4.4-2　一级指标映射规则库

一级指标	评价等级	隧洞通航风险				
^	^	低风险	较低风险	一般风险	较高风险	高风险
人员失误	低风险	1	0	0	0	0
	较低风险	0	1	0	0	0
	一般风险	0	0	1	0	0
	较高风险	0	0	0	1	0
	高风险	0	0	0	0.2	0.8
设备故障	低风险	1	0	0	0	0
	较低风险	0	1	0	0	0
	一般风险	0	0	1	0	0
	较高风险	0	0	0	1	0
	高风险	0	0	0	0.5	0.5
环境恶劣	低风险	1	0	0	0	0
	较低风险	0	1	0	0	0
	一般风险	0	0	1	0	0
	较高风险	0	0	0	1	0
	高风险	0	0	0	0.5	0.5
管理缺陷	低风险	1	0	0	0	0
	较低风险	0	1	0	0	0
	一般风险	0	0	1	0	0
	较高风险	0	0	0	1	0
	高风险	0	0	0	0.2	0.8

表 4.4-3(a)　二级指标映射规则库

二级指标	评价等级	人员失误				
^	^	低风险	较低风险	一般风险	较高风险	高风险
未保持安全间距	低风险	1	0	0	0	0
	较低风险	0	1	0	0	0
	一般风险	0	0	1	0	0
	较高风险	0	0	0	1	0
	高风险	0	0	0	0.5	0.5

续表

人员失误						
二级指标	评价等级	低风险	较低风险	一般风险	较高风险	高风险
超速航行	低风险	1	0	0	0	0
	较低风险	0	1	0	0	0
	一般风险	0	0	1	0	0
	较高风险	0	0	0	1	0
	高风险	0	0	0	0.5	0.5
应急处置不当	低风险	1	0	0	0	0
	较低风险	0	1	0	0	0
	一般风险	0	0	1	0	0
	较高风险	0	0	0	1	0
	高风险	0	0	0	0.2	0.8
货物违规装载	低风险	1	0	0	0	0
	较低风险	0	1	0	0	0
	一般风险	0	0	1	0	0
	较高风险	0	0	0	1	0
	高风险	0	0	0	0.3	0.7

表 4.4-3(b) 二级指标映射规则库

设备故障						
二级指标	评价等级	低风险	较低风险	一般风险	较高风险	高风险
消防系统故障	低风险	1	0	0	0	0
	较低风险	0	1	0	0	0
	一般风险	0	0	1	0	0
	较高风险	0	0	0	1	0
	高风险	0	0	0	0.5	0.5
船体结构受损	低风险	1	0	0	0	0
	较低风险	0	1	0	0	0
	一般风险	0	0	1	0	0
	较高风险	0	0	0	1	0
	高风险	0	0	0	0.5	0.5

续表

设备故障

二级指标	评价等级	低风险	较低风险	一般风险	较高风险	高风险
电器设备老化	低风险	1	0	0	0	0
	较低风险	0	1	0	0	0
	一般风险	0	0	1	0	0
	较高风险	0	0	0	1	0
	高风险	0	0	0	0.5	0.5
照明故障	低风险	1	0	0	0	0
	较低风险	0	1	0	0	0
	一般风险	0	0	1	0	0
	较高风险	0	0	0	1	0
	高风险	0	0	0	0.5	0.5
通风系统故障	低风险	1	0	0	0	0
	较低风险	0	1	0	0	0
	一般风险	0	0	1	0	0
	较高风险	0	0	0	1	0
	高风险	0	0	0	0.1	0.9
动力失控	低风险	1	0	0	0	0
	较低风险	0	1	0	0	0
	一般风险	0	0	1	0	0
	较高风险	0	0	0	1	0
	高风险	0	0	0	0.5	0.5

表 4.4-3(c)　二级指标映射规则库

环境恶劣

二级指标	评价等级	低风险	较低风险	一般风险	较高风险	高风险
波浪强反射	低风险	1	0	0	0	0
	较低风险	0	1	0	0	0
	一般风险	0	0	1	0	0
	较高风险	0	0	0	1	0
	高风险	0	0	0	0.5	0.5

续表

环境恶劣

二级指标	评价等级	低风险	较低风险	一般风险	较高风险	高风险
流态紊乱	低风险	1	0	0	0	0
	较低风险	0	1	0	0	0
	一般风险	0	0	1	0	0
	较高风险	0	0	0	1	0
	高风险	0	0	0	0.2	0.8
烟气浓度超标	低风险	1	0	0	0	0
	较低风险	0	1	0	0	0
	一般风险	0	0	1	0	0
	较高风险	0	0	0	1	0
	高风险	0	0	0	0.1	0.9

表 4.4-3(d)　二级指标映射规则库

管理缺陷

二级指标	评价等级	低风险	较低风险	一般风险	较高风险	高风险
监管不到位	低风险	1	0	0	0	0
	较低风险	0	1	0	0	0
	一般风险	0	0	1	0	0
	较高风险	0	0	0	1	0
	高风险	0	0	0	0.2	0.8
应急不完善	低风险	1	0	0	0	0
	较低风险	0	1	0	0	0
	一般风险	0	0	1	0	0
	较高风险	0	0	0	1	0
	高风险	0	0	0	0.2	0.8

4.4.3　各指标的水上交通风险映射

各指标的模糊输入根据专家调查得到,运用模糊规则库中的映射规则,得到各指标的通航风险映射结果。

(1) 共性指标

表 4.4-4　共性指标评价结果

指标	评价结果				
	低风险	较低风险	一般风险	较高风险	高风险
货物违规装载	0.625	0.2	0.07	0.105	0
消防系统故障	0.531	0.376	0.093	0	0
船体结构受损	0.725	0.275	0	0	0
电器设备老化	0.024	0.735	0.241	0	0
波浪强反射	0.176	0.685	0.139	0	0
流态紊乱	0.617	0.178	0.155	0.05	0
监管不到位	0.793	0.139	0.068	0	0
应急不完善	0.6696	0.2914	0.039	0	0

(2) 差异性指标

表 4.4-5(a)　差异性指标评价结果

指标	评价结果（船舶自航）				
	低风险	较低风险	一般风险	较高风险	高风险
未保持安全间距	0.28	0.26	0.25	0.17	0.04
超速航行	0.469	0.254	0.232	0.045	0
应急处置不当	0	0.732	0.15	0.118	0
照明故障	0	0.762	0.224	0.014	0
通风系统故障	0	0.15	0.31	0.54	0
动力失控	0	0.61	0.25	0.14	0
烟气浓度超标	0.135	0.15	0.245	0.37	0.1

表 4.4-5(b)　差异性指标评价结果

指标	评价结果（船舶曳引）				
	低风险	较低风险	一般风险	较高风险	高风险
未保持安全间距	0.5	0.5	0	0	0
超速航行	0.67	0.33	0	0	0

续表

指标	评价结果（船舶曳引）				
	低风险	较低风险	一般风险	较高风险	高风险
应急处置不当	0	0	0.15	0.318	0.532
照明故障	0.537	0.345	0.118	0	0
通风系统故障	0	0.824	0.1	0.076	0
动力失控	0	0.1	0.1	0.8	0
烟气浓度超标	0.48	0.32	0.115	0.081	0.004

4.4.4 基于D-S的风险评价

将以上各指标的水上交通风险映射结果、风险评价指标权重进行证据融合并推理计算，得到船舶自航与曳引的隧洞通航风险评价结果：

船舶自航＝（低风险 32.56%，较低风险 38.31%，一般风险 18.75%，较高风险 10.04%，高风险 0.35%）；

船舶曳引＝（低风险 44.56%，较低风险 27.45%，一般风险 5.56%，较高风险 14.98%，高风险 7.45%）。

从两种运行方式（交通组织方式）的通航风险评价结果来看，结果以概率的方式表示，这是一种不确定的形式，这种形式虽然能够较为精确地反映实际情况，但是无法直观体现出通航安全形势。因此，采用前文介绍的风险效用值的计算方法将以上不确定的形式转化成确定的形式。

本书中的隧洞通航风险评价结果有5个评价等级，分别用1、2、3、4、5进行赋值：数值1表示风险非常低，数值2表示低，数值3表示风险一般，数值4表示风险高，数值5表示风险非常高。

表 4.4-6 隧洞通航风险评价结果评价等级和对应效用值

评价等级 H_n	非常低	低	一般	高	非常高
效用值 $u(H_n)$	1	2	3	4	5

运用式（4-13）计算两种运行方式下隧洞通航风险的综合效用值：

$$U(船舶自航)=\sum_{i=1}^{N}\beta_i\mu(H_i)=0.325\ 6\times1+0.383\ 1\times2+0.187\ 5\times3+0.100\ 4\times4+0.003\ 5\times5=2.073\ 4$$

$$U(船舶曳引)=\sum_{i=1}^{N}\beta_i\mu(H_i)=0.445\ 6\times1+0.274\ 5\times2+0.055\ 6\times3+$$

0.149 8×4＋0.074 5×5＝2.133 1

表 4.4-7　不同运行方式下隧洞通航风险的综合效用值

	非常低	低	一般	高	非常高	综合效用值
船舶自航	0.325 6	0.383 1	0.187 5	0.100 4	0.003 5	2.073 4
船舶曳引	0.445 6	0.274 5	0.055 6	0.149 8	0.074 5	2.133 1

如表 4.4-7 所示，船舶自航与船舶曳引的隧洞通航风险水平相当，两种运行方式下的隧洞通航风险水平均处于"一般风险"与"低风险"之间，偏向于"低风险"等级。

4.5　小结

本章在第 3 章构建的风险指标体系的基础上提出了隧洞通航风险评价层次模型，运用基于模糊规则库的证据推理方法，有效结合了主、客观数据，通过对各级指标的评价实现了隧洞通航风险的综合评价，最后利用效用值计算的方法分析了不同航行方式下的隧洞通航风险状况。

对思林通航隧洞船舶自航与船舶曳引的状况进行分析，得出船舶自航与船舶曳引的隧洞通航风险水平均处于"一般风险"与"低风险"之间，偏向于"低风险"等级。

第 5 章

隧洞内船舶安全间距模型研究

5.1 跟驰理论

5.1.1 车辆跟驰理论

1950年，Herman博士利用动力学原理建立了跟车模型并提出了跟驰理论（又被称为跟踪理论或跟车理论）。后来，Reuschel和Pipes研究了跟驰理论的解析方法。车辆跟驰模型是一种在单一且无法超车的车道列队上，结合动力学方法，考虑人-车之间的相互运动和相互作用，探究车辆行驶时跟驰状态的理论。通过对跟驰模型的求解，可以有效确定单一车队中每辆车的位置参数、即时速度和加速度等数据，是交通系统仿真中重要的描述人-车之间交通作用的动态模型。

（1）跟驰状态的判定

虽然学术界对于车辆跟驰状态的判定一直没有形成统一的观点，但不可否认相关判定对于车辆跟驰理论的重要性。最早关于跟驰状态判定的权威观点主要有1994年美国发布的《道路通行能力手册》和1974年由丹尼尔 L. 鸠洛夫编写的 *Traffic flow theory*。前者从时间上规定了跟驰状态，即当两车车头时距≤5s时，判定车辆处于跟驰状态；后者从距离上规定了跟驰状态，即当两车车头间距≤125m时，判定车辆处于跟驰状态。

当前对跟驰状态判定的常用方法主要有两种：①基于期望速度；②基于相对速度的绝对值。前者的判定依据是当前车速度小于后车期望速度时认定车辆处于跟驰状态，即后车行驶的自由性受前车速度的制约进而采取跟驰行为；后者的判定依据是利用前后车相对速度的绝对值随车头时距的变化规律，定量地判定车辆行驶状态，当车头时距较大时，后车处于自由状态，可自由选择自己的行驶速度，随着车头时距的缩小，后车自由度逐渐受限，车辆处于跟驰状态。

（2）车辆跟驰特性

跟驰状态下车辆的行驶具有制约性、延迟性、传递性的基本特征，同时，这也是车辆跟驰模型建立的理论基础。

制约性指的是后车的车速和两车间的车头间距受前车车速的制约。在车辆处于跟驰状态时，出于时间成本的考虑，后车驾驶员通常会选择紧随前车行驶以缩短行驶时间。为保障行车的安全，这种行驶状态需满足车速和间距限制。车速限制指的是后车车速可以大于前车车速但不能维持较长时间以免发生追尾碰撞；间距限制指的是两车之间需保持一定的安全距离，以便留给后车驾驶员足够的时间对前车运动状态的改变做出反应。

延迟性指的是在前车运行状态改变后,后车运行状态随之变化,但此种变化并不同步进行,而是滞后于前车运行状态的变化。这是由后车驾驶员对前车运行状态改变需要一个反应过程决定的。后车驾驶员的反应过程主要分为四个阶段——感觉阶段、认知阶段、判断阶段和执行阶段。感觉阶段是指后车驾驶员察觉到前车运行状态的改变;认知阶段是指后车驾驶员对前车运行状态的改变加以识别;判断阶段是指后车驾驶员分析前车运行状态改变的信息,并判断出本车将要采用的措施;执行阶段是指后车驾驶员根据判断阶段做出的决策对自己的车辆进行相关操纵动作。

传递性指的是一列车队中前车的运行状态永远制约着后车的运行状态。因此,一旦其中某辆车改变了它的运行状态,它的效应将会从自身开始,逐辆向后传递,直至最后一辆车,加上每辆车运行状态的传递都具有延迟性,因此其向后传递的信息像脉冲一样间断连续。

5.1.2 船舶跟驰理论的释义

广义的道路交通流包含车流和人流两部分。其中,车辆在道路上连续行驶形成车流,行人在道路上连续通行形成人流。船舶交通流与道路交通流类似,是船舶在海上连续航行形成的船舶流量。

通航隧洞是为运河穿越山岭而开凿的地下航道,通航隧洞具有视野背景暗淡、断面系数小、富裕尺度有限等特点,通常采用单线航行,一般为直线,船舶只能排队依次航行,后船无法追越前船,这与道路交通运输中的单一车道类似。因此,可类比道路跟驰理论得出船舶跟驰理论的定义,即通过运用动力学的方法,探究在通航隧洞内船舶一次排队航行且无法进行追越时,船舶跟驰状态的理论。

由于船舶交通流的海上环境和道路交通流的道路环境大不相同,因此基于跟驰理论产生的船舶跟驰模型和道路跟驰模型也不尽相同。船舶跟驰模型需以车辆跟驰模型为基础,结合船舶的制动性能以及通航隧洞的特殊环境,构建适用于通航隧洞复杂条件下的船舶跟驰模型,通过求解相应跟驰方程,研究通航隧洞内船舶不同状态下的安全间距计算方法;对通航隧洞不同位置船舶的安全间距进行分区研究,提出通航隧洞船舶安全间距控制模式。

5.2 船舶安全间距影响因素

通航隧洞特殊的环境导致船舶安全间距的影响因素有别于河道和海域航道,应当考虑船舶操纵性能、隧洞环境及驾驶人员生理情况。

1) 船舶制动性能

(1) 船舶倒车冲程

确定前后船舶航行安全间距时,主要关注当前船舶因采取措施制动或停车淌航时,后船是否可以采取措施避免与前船发生碰撞。制动措施通常为全速倒车,倒车冲程是指船舶在各种速度下倒车至船舶停止对水移动所航进的距离,又称紧急停船距离或最短停船距离。

倒车冲程 S_R 可用式(5-1)估算:

$$S_R = L_S \cdot [\alpha \cdot \ln(1+\beta) + \delta] \quad (5\text{-}1)$$

式中:L_S 为船舶长度,m;α 为船舶质量与船舶阻力相除所得到的系数;β 为船舶倒车操纵之前的船舶阻力与船舶停止时倒车拉力相除所得到的系数;δ 为船舶获得倒车拉力的时间与船舶开始倒车时的初始速度的乘积。

前进中的船舶由进车改为倒车需要主机进行换向操作,主机换向速度的快慢影响制动距离的长度。一般在低速进车的情况下,从下令至主机实际开始倒车制动时间为 4~6 s。

(2) 船舶停车冲程

通航隧洞内船舶排队依次行驶,前船可能因发生动力故障而停车淌航。停车冲程[7,8]是指在各种速度下停车至船舶停止对水移动船舶重心滑行的距离。停车冲程经验估算公式为:

$$S_P = \frac{\rho_w \cdot \nabla \cdot (1+k_1)}{k} \cdot \ln\frac{v_0}{v_1} \quad (5\text{-}2)$$

式中:ρ_w 为水的密度,kg/m³;∇ 为船舶实际排水体积,m³;k_1 为沿船舶首尾线方向的附连水质量系数;k 为船舶阻力系数;v_0 为初始时刻的船速,m/s;v_1 为船舶停止前某时刻的速度,m/s。

2) 隧洞环境

通航隧洞是一种特殊的限制性航道,其断面系数小且规则,两端均为封闭,水流速度小,几乎为静水,船舶航行过程中会在船体周围产生回流,船体下沉,且纵倾变化大于深水和宽阔水域,船舶航行阻力也会增大,船舶倒车冲程也会相应地减小。

船舶在限制性航道中航行时,船舶航行阻力估算方式为

$$R = R_f + R_r = 1.7SV^{1.83} + 0.5SV^2 \xi(F_{rh}, h/d) / \left(\frac{L}{6B}\right)^3 \cdot K_b \quad (5\text{-}3)$$

$$K_b = 0.099\ 5\left(\frac{W}{B}\right)^2 - 1.371\left(\frac{W}{B}\right) + 5.55 \tag{5-4}$$

$$\xi(F_{rh}, h/d) = aF_{rh}^3 + bF_{rh}^2 + cF_{rh} + d \tag{5-5}$$

$$a = -1\ 118\left(\frac{h}{d}\right)^3 + 6\ 723\left(\frac{h}{d}\right)^2 - 13\ 427\left(\frac{h}{d}\right) + 9\ 010 \tag{5-6}$$

$$b = 1\ 087\left(\frac{h}{d}\right)^3 - 6\ 517\left(\frac{h}{d}\right)^2 + 12\ 989\left(\frac{h}{d}\right) - 8\ 705 \tag{5-7}$$

$$c = -388.1\left(\frac{h}{d}\right)^3 + 2\ 331\left(\frac{h}{d}\right)^2 - 4\ 655\left(\frac{h}{d}\right) + 3\ 125 \tag{5-8}$$

$$d = 47.6\left(\frac{h}{d}\right)^3 - 286.3\left(\frac{h}{d}\right)^2 + 570.4\left(\frac{h}{d}\right) - 378.5 \tag{5-9}$$

式(5-3)~式(5-9)中：R 为限制性航道中的阻力，N；R_f 为摩擦阻力，N；R_r 为剩余阻力，N；S 为船体湿表面面积，m²，可按 $S = L_w(2d + C_B B)$ 估算，与水深弗劳德数 $F_{rh} = V/\sqrt{gh}$ 及水深-吃水比 h/d 有关；ξ 为剩余阻力系数；V 为船速，m/s；g 为重力加速度，m/s²；h 为水深，m；d 为吃水，m；L_w 为水线长度，m；B 为船宽，m；W 为航道宽度，m；C_B 为船舶方形系数。

通航隧洞与普通限制性航道的另一个区别在于通航隧洞内外环境照度差异较大，会引起"白洞效应"、"黑洞效应"及明暗适应过程。白天进入通航隧洞前，从通航隧洞入口外侧看，会出现长距离通航隧洞的黑洞现象和短距离通航隧洞的黑框现象。白天驾引人员驾驶船舶进入通航隧洞是一个由明亮至黑暗的适应过程，驾引人员的眼睛要经过一段时间才能看清通航隧洞内部情况，公路上称作"适应滞后现象"。如果亮度变化太快，驾引人员视功能受到影响，不能迅速适应而看不清通航隧洞内前方情况，严重时则会出现瞬间"失明"现象，若前方有障碍物，则可能出现追尾碰撞事故。白天驾引人员驾驶船舶在长距离通航隧洞内航行，接近出口时，由于通航隧洞出口外部亮度较高，看上去是个亮洞，驾引人员的眼睛处于一个由黑暗至明亮的适应过程，视觉上会出现较强的眩光，不能看清通航隧洞外部的障碍物和船舶情况。驾引人员驾驶船舶进出通航隧洞的过程中，由于剧烈的明暗过渡，眼睛瞳孔面积变化率迅速提升，如果视觉很难适应这一变化，则难以在视网膜上清晰成像，这一过程便带来了瞬间视觉障碍及能见度的降低，称为视觉震荡。视觉震荡实际上是一个视觉功能恢复的过程，恢复期间会出现暂时的视觉功效低，无接收信息的能力，造成"视觉滞后现象"[12]。视觉震荡极大影响了驾引员的行为，将使驾引人员的认知反应时间延长。已有研究成果表明:隧洞长度小于1 000 m时,暗适应时间一般不超过15 s,明适应时间不超过10 s;隧洞长度大于2 000 m、小于3 000 m时,暗适应时间一般不超过23 s,明适应时间不超过13 s。

3) 驾引人员生理因素

反应时间是表征驾驶过程中驾引人员生理、心理反应的极重要参数,既影响船舶航行安全,又影响船舶尾随排队航行的安全间距,包括意识时间(0.5~1.5 s)和动作时间(0.7~1.0 s)。

5.3 船舶安全间距模型

在通航隧洞内航行时,船舶依次尾随前船航行,若前船发生故障停车淌航或应急制动停船,后船应有空间采取制动直至停船,这就需要前后船舶间保持一定的安全距离。这个安全距离必须保证后船在制动后不会与前船发生碰撞。当前船突然减速,后船驾引人员发现前船动态后随即制动直至停船,通常需要经历三个阶段:后船驾引人员制动反应阶段、后船驾引人员制动操作阶段和船舶实际持续制动阶段。但通航隧洞出入口的"黑白洞效应"导致还存在一个视觉震荡的眼盲阶段。通航隧洞出入口段船舶跟驰行为如图5.3-1所示。

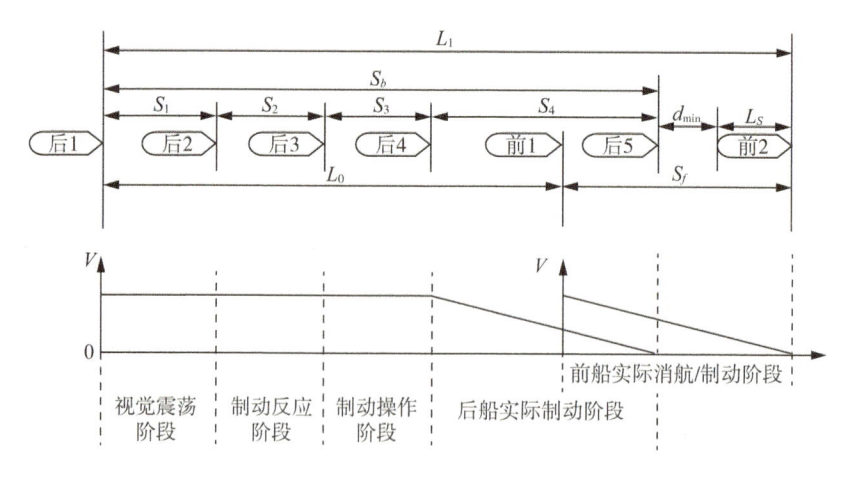

图 5.3-1 隧洞出入口船舶跟驰行为

如图5.3-1所示,以前船开始制动时为起始时刻,前船制动完成时为结束时刻,在通航隧洞出入口段的整个跟驰制动过程中,后船有5个特征位置,前船有2个特征位置。前船最后停止位置"前2"与后船初始位置"后1"之间的距离 L_1 为:

$$L_1 = L_0 + S_f \tag{5-10}$$

式中：L_1 为前船最后停止位置与后船初始位置之间的距离，m；L_0 为前船开始制动前前后船头间距，m；S_f 为前船实际停车淌航或制动距离，m。

对于后船，在从前船开始制动至自己完成制动停船这一过程中，移动的距离 S_b 为：

$$S_b = S_1 + S_2 + S_3 + S_4 \tag{5-11}$$

$$S_1 = vt_1 \tag{5-12}$$

$$S_2 = vt_2 \tag{5-13}$$

$$S_3 = vt_3 \tag{5-14}$$

以上公式中：S_b 为后船从前船开始制动至自己完成制动停船这一过程中移动的距离，m；S_1 和 t_1 为后船驾引人员视觉震荡过程中后船行驶的距离和时间，m、s；S_2 和 t_2 为后船驾引人员观察判断前船动态的反应过程中后船行驶的距离和时间，m、s，假定人眼能快速准确地感知速度的变化；S_3 和 t_3 为后船驾引人员进行制动操作的过程中后船行驶的距离和时间，m、s；S_4 为后船的实际制动距离，m；v 为后船的航行速度，m/s。

前后两船先后完成制动后，二者间的安全距离应不小于两船舶均对水静止时允许的最小安全间距 $d_{\min}$，即：

$$L_1 - S_b - L_S \geqslant d_{\min} \tag{5-15}$$

式中：L_S 为前船船长，m；$d_{\min}$ 为两船舶均对水静止时允许的最小安全间距，m。

将式(5-10)～式(5-14)代入式(5-15)中，通过整理可得通航隧洞出入口段船舶安全间距：

$$L_0 \geqslant d_{\min} + L_S + v(t_1 + t_2 + t_3) + S_4 - S_f \tag{5-16}$$

假定前后船制动性能相同，则由此可得到 3 种不同状态的安全头间距：

(1) 若前船为停车淌航，则 $S_f > S_4$，此时 L_0 为最小安全间距，即：

$$L_{\min} = d_{\min} + L_S + v(t_1 + t_2 + t_3) + S_4 - S_f \tag{5-17}$$

(2) 若前后船均为倒车制动，则 $S_f = S_4$，此时 L_0 为基本安全间距，即：

$$L_{\min} = d_{\min} + L_S + v(t_1 + t_2 + t_3) \tag{5-18}$$

(3) 若前船触底破舱突然停船，则 $S_f = 0$，此时 L_0 为最大安全间距，即：

$$L_{\min}=d_{\min}+L_S+v(t_1+t_2+t_3)+S_4 \qquad (5-19)$$

从式(5-17)～式(5-19)中去掉 vt_1 项即可得通航隧洞内船舶安全间距。

5.4 通航隧洞船舶间距分区

根据通航隧洞的运行环境特性及船舶驾引人员的生理反应特征,即在通航隧洞出入口附近和通航隧洞内,船舶驾引人员的操纵行为是不同的,将通航隧洞按通行方向划分为5个区段:通航隧洞入口过渡段 A、通航隧洞入口段 B、通航隧洞中间段 C、通航隧洞出口段 D、通航隧洞出口过渡段 E,如图 5.4-1 所示。

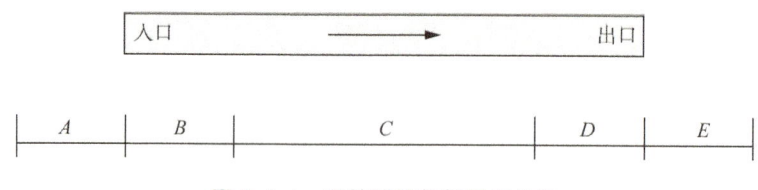

图 5.4-1 通航隧洞船舶间距分区

(1) 入口段:船舶驾引人员需经历暗适应过程,船舶间距取通航隧洞出入口段船舶安全间距,该段长度为一个完整跟驰过程距离,即 L_1。

(2) 入口过渡段:准备进入通航隧洞,即将面临明暗环境变换,与入口段对称布置,船舶间距同入口段。

(3) 出口过渡段:船舶驾引人员需经历明适应过程,船舶间距取通航隧洞出入口段船舶安全间距,该段长度同样取一个完整跟驰过程距离,即 L_1。

(4) 出口段:准备离开通航隧洞,由黑暗进入明亮,与出口过渡段对称布置,船舶间距同出口过渡段。

(5) 中间段:通航隧洞内除隧洞入口及出口段外的隧洞中部区段,该段通航环境较为稳定,船舶间距取通航隧洞内的船舶安全间距。

5.5 乌江思林水电站枢纽二线通航隧洞船舶安全间距

5.5.1 船舶安全间距计算

根据经验公式估算并利用大型船舶操纵模拟器仿真实验校核,1 000 吨级集装箱船在 2.5 m/s 航速下的停车冲程为 46 m,倒车冲程为 30 m,两船舶对水静止时只要不发生碰撞即可,取 $d_{\min}=0$,如表 5.5-1 所示。

表 5.5-1 乌江思林水电站枢纽二线通航隧洞船舶安全间距   单位：m

位置	入口段	隧洞内	出口段
最小安全间距	118.6	61.1	93.6
基本安全间距	134.6	77.1	109.6
最大安全间距	164.6	107.1	139.6

5.5.2 船舶安全间距分区

通常以最安全为原则，故船舶间距取最大安全间距，乌江思林水电站枢纽二线通航隧洞内船舶间距分区控制模式如表 5.5-2 所示。

表 5.5-2 乌江思林水电站枢纽二线通航隧洞船舶间距分区控制模式

分区	长度(m)	船舶安全间距(m)
入口过渡段	210.6	164.6
入口段	210.6	164.6
隧洞内	2176.8	107.1
出口段	185.6	139.6
出口过渡段	185.6	139.6

5.6 小结

在分析通航隧洞船舶间距影响因素的基础上，首先应用交通流及跟驰理论建立通航隧洞船舶跟驰安全间距模型，研究通航隧洞内船舶不同状态下安全间距计算方法。然后对通航隧洞不同位置的船舶安全间距进行分区研究，提出通航隧洞船舶安全间距控制模式。最后结合乌江思林水电站枢纽二线通航隧洞的具体资料和数据开展案例研究。研究结果表明，通航隧洞内的船舶安全距离与船舶所处的位置有关，并存在较大差异，在隧洞运营管理和调度中需根据位置特点进行分区来控制前后船舶间的安全距离。为保障通航隧洞的安全高效运营，本节提出了一种船舶跟驰安全间距计算方法。

第 6 章

隧洞通航安全事故应急处置方法研究

为了积极应对通航隧洞可能发生的各类典型船舶事故，减少可能会对隧洞结构、人员安全和隧洞通航产生的影响，提升对事故危害的控制、处理能力，并能及时、有序、快速组织展开事故抢险、救灾工作，最大限度地减少人员伤亡和财产损失，保障隧洞的安全畅通，按照"政府统一领导，部门依法监管，运营机构主体负责，相关力量有效协同"的安全生产工作机制，具体结合思林长大通航隧洞的具体情况，需要研究专门的应急处置措施。本章从应急管理的角度出发，对长大通航隧洞通航事故应急处置方法开展了研究，并开发长隧洞船舶通航安全事故应急方案库。

6.1 通航隧洞应急管理要求

6.1.1 法律依据

根据通航建筑物的管理要求，通航隧洞突发情况的应急处置十分重要，应根据相关的应急管理法律法规明晰应急管理职责，构建应急组织架构。围绕应急管理工作，相关的法律法规包括《中华人民共和国突发事件应对法》《中华人民共和国安全生产法》《中华人民共和国内河交通安全管理条例》《中华人民共和国航道法》《危险化学品安全管理条例》等。通航隧洞的应急安排应符合相关法律法规的要求。

6.1.2 建立应急管理体系

本研究以乌江思林水电站枢纽二线通航隧洞为例，该隧洞全长 2 200 m，如此规模的通航隧洞建设在国内外都是极少的，为保障船舶在隧洞水域的航行安全，有必要研究建立应急管理体系、制定安全保障措施。通航枢纽安全管理部门应与地方政府和应急管理、交通运输等部门加强联系，建立应急安全管理体系，根据各类应急预案制定完善的救援程序，定期开展应急演习。根据通航隧洞船舶事故特性建立健全应急管理制度，按要求配备相关应急设施设备，定期检修，确保应急系统的正常使用。

通航隧洞要加强风险的预控，考虑严禁运送危险品的船舶通过隧洞；为避免客船在隧洞内起火，被困人员不能及时疏散，客船在通过隧洞时，船上人员应下船翻坝运输；隧洞内船舶必须使用安全航速，且两船间保证恰当的安全距离，降低船舶碰撞事故风险，也确保船舶发生火灾等事故时不会危及相邻船舶。

6.1.3 建立应急救援体系

应急救援计划应综合考虑隧洞通风系统、消防系统、通信系统、应急拖带系统的设置以及救援过程中可能遇到的问题,事先制定应急程序,并定期进行消防演习,根据演习情况及时修订应急程序。船舶发生事故后,事故船舶负责人立即报警,并在确保安全的前提下开展应急自救工作。枢纽应急指挥中心在收到事故报警信息后,应立即广播通知隧洞内的其他船舶,及时调整调度计划,同时启动隧洞内的固定灭火系统、通风系统等,首要是保障人命安全,为人员安全逃生争取时间,并指导隧洞管理部门的救援工作。救援人员迅速到达岗位,从隧洞疏散通道和水上两路出发到达险情发生地点,引导被困人员通过最优的逃生路径撤离。

6.1.4 建立应急报警系统

建立完善的事故应急警报系统是十分必要的。在隧洞内的船舶、疏散通道、电缆通道、隧洞变电所、控制中心机房、设备室等处加强风险源监测,一旦发生某个险情和事故,能够立即发出警报,并联动消防控制系统、灭火系统、广播通信系统,尽快疏散被困人员。合理地布设包括自动喷水灭火系统在内的隧洞火灾消防灭火系统。合理地布设照明系统和其他机电设备。对隧洞工作人员和船员进行应急培训,并在隧洞运营过程中不断加强管理人员和技术人员的学习,提高安全技能。

6.2 通航隧洞船舶事故应急组织架构与处置流程

通航隧洞所在的枢纽管理部门应建立起有效的突发事件应急组织机构和应急机制。

6.2.1 组织机构和职责

由隧洞运营管理单位成立应急指挥中心,下设应急管理办公室、通航调度组、现场应急组、医疗救助组、后勤保障组。

(1) 应急指挥中心

总指挥:通航隧洞运营单位负责人;

副指挥:通航隧洞运营单位专职安全负责人;

成　员:通航隧洞相关部门人员;

主要职责:统一部署通航隧洞船舶事故应急救援方案的实施工作,并采取紧急处理措施；组织、调动有关部门按照应急处置方案迅速开展应急工作,力争将损失降到最低程度；发挥各方力量协同救援,决定应急救援行动中的重大事项；按事故信息的上报规定做好信息的上传下达工作等；协助有关部门做好火灾事故的善后工作,稳定社会秩序；组织抢修通航隧洞的损坏,保障安全畅通；执行上级应急处理机构的应急指挥工作,配合上级部门对重大事故进行调查处理。

(2) 应急管理办公室

由枢纽运营管理单位安全生产部门负责人担任组长。负责与上级主管部门、交通运输部门、应急管理部门、公安部门、地方政府等单位的联系,负责收集和上报事故应急救援处置情况信息,组织协调各应急小组工作,负责处理应急管理中心的日常事务,负责监督指挥下设各应急小组对隧洞内应急设备的日常巡检维护工作。

(3) 通航调度组

由枢纽运行管理单位枢纽调度部门负责人任组长。负责隧洞内的船舶调度疏散工作,以及隧洞附近水域等待船舶的调度组织工作,防止其他船舶进入事故水域。

(4) 现场应急组

由枢纽运行管理单位安全部门负责人任组长。主要负责事故发生后的现场应急救援处置工作,负责组织协调消防力量,协调疏散受灾人群。按照规定及时报告事故现场情况,迅速采取必要措施开展救助,保障人员生命和国家财产。

(5) 医疗救助组

由枢纽运行管理单位安全部门负责人任组长。主要负责应急医疗药品、器械、设备、防护用品等物资的储备与管理工作,随时待命,负责应急现场的人员救助、伤员处置与转移等医疗工作。

(6) 后勤保障组

由枢纽运行管理单位安全部门负责人任组长、财务部门负责人任副组长。主要负责应急救援处置人员、物资的调动、供应和运输保障等,以及应急资金保障。

6.2.2 应急处置工作要求

(1) 在收到船舶报警信息后,相关事故应急预案立即启动,应急指挥中心和下设应急处置小组立即进入抢险状态,应急人员立即前往事故发生区域。

(2) 在应急处置过程中,应急指挥中心根据事故险情演变的具体情况,合理调配应急人员和应急资源,并将现场处置情况向上级应急处理机构进行通报。

（3）事故应急结束后，应急管理办公室向应急指挥中心通报船舶事故应急处置情况，在得到批准后协调现场应急人员撤离事故现场。

（4）做好通航隧洞检查修复工作的善后工作。船舶火灾事故处理结束后，通航隧洞运营单位负责人应在 24 小时内写出"通航隧洞船舶火灾事故调查报告"，并上报上级部门。

6.2.3 应急处置流程

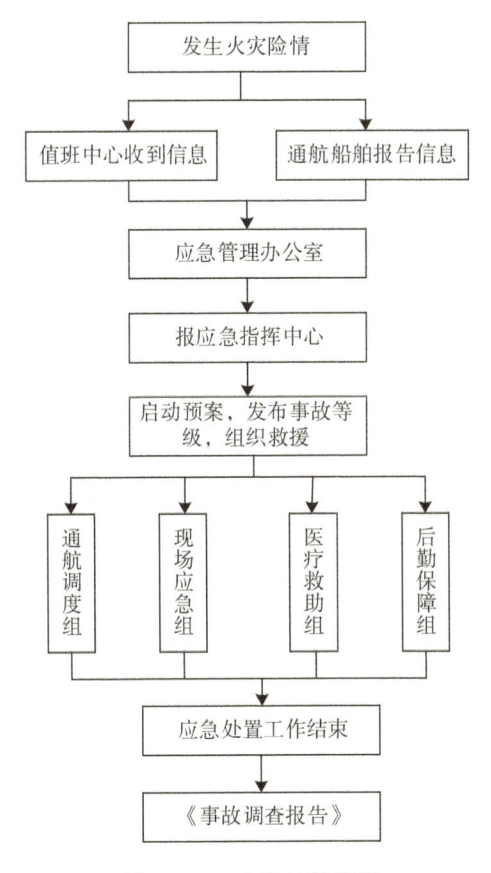

图 6.2-1 应急处置流程

应急处置的流程如图 6.2-1 所示，通航隧洞船舶事故以事故预警信息采集为起点。事故预警信息采集的主要渠道包括：遇险船舶报告的预警信息、隧洞运营管理单位提供的预警信息、隧洞内其他船舶报告的预警信息、值班中心收到的预警信息、其他信息渠道收到的预警信息。

6.3 通航隧洞典型船舶事故应急处置方法研究——以火灾为例

为了深入探究隧洞各类船舶事故的应急处置技术,本节以隧洞船舶火灾事故为例,研究应急处置方法。隧洞内船舶发生火灾给整体的隧洞安全和船舶安全带来极大威胁,主要危害包括:

(1) 隧洞火灾对隧洞结构的破坏

船舶在通航隧洞内起火燃烧,产生大量温度高且有毒的烟气,带来的最明显变化就是温度上升。造成隧洞内温度场变化的主要原因有两点:一是火源直接产生热辐射,使得火源附近的温度迅速升高;二是燃烧产生大量的高温烟气在隧洞内蔓延,致使隧洞内整体温度上升。隧洞主体建筑为钢筋混凝土结构。当温度超过600℃时,钢材的屈服应力和极限应力将下降七成,裸钢结构的耐火极限大约是15 min。混凝土结构虽然具备不燃和低导热的特性,但由于受到孔隙压力和内张拉应力的作用,混凝土结构可能会出现强度丧失、裂纹、爆裂性剥落等现象,严重时整体结构可能会遭到严重破坏。超过300℃时,温度的升高将导致混凝土结构强度的下降,温度为300~400℃时,混凝土结构强度的下降幅度约为10%~20%,当温度达到600℃时,混凝土结构强度将下降一半,最坏的结果是隧洞主体结构坍塌。混凝土发生爆裂的危险主要体现在以下两个方面:一是对火灾救援造成不利影响,直接威胁人员安全;二是失去对钢筋结构的保护作用,使钢筋结构直接暴露在高温中。火灾事故发生后,应立即采取有效的控火措施,阻止燃烧产生的热量向混凝土结构传递。

(2) 隧洞火灾对人员的伤害

隧洞火灾会给受灾人群造成生理或心理上的伤害。研究结果显示,烟气造成火灾事故中80%以上的伤亡,少部分人员是先中毒窒息晕倒而后被困于火中死亡。

①烟气的毒害性

首先,可燃物的燃烧会迅速消耗空间中的氧气,当氧气含量低于15%时,人体肌肉的活动能力大幅下降,火灾事故中存在不少人已经跑到门口却无力跑出来的情况;当氧气含量不足6%时,5分钟之内人就会死亡,而火灾现场的氧浓度最低可能低于3%。其次,烟气所含的CO等有毒气体在含量极低时就可以导致人的死亡,当CO浓度达到400 ppm时就可能造成严重的中毒事件。另外,高温烟气会对人体造成一定的热损伤。研究表明,当环境温度达到60℃时,几分钟内人体便会感觉强烈不适;温度达到100℃时人体将不具备逃生能力;120℃的环境温度在短时间内便会对人体造成不可逆的损伤,而火源周围气体的温度可达数百摄氏度。

②烟气的减光性

火灾烟气中含有直径为 1~100 μm 的烟粒子,这些烟粒子能遮挡可见光。当隧洞内充满烟气时,大部分的可见光将被烟粒子遮挡,导致隧洞内的能见度大幅度下降。无烟情况下,隧洞内的能见距离为 30 m,每当烟气浓度上升 1 倍,能见度就下降一半,甚至达到伸手不见五指的程度。当能见度不足 10 m 时,人员活动将受到极大限制。同时,烟气对人眼具有强刺激作用,使得人员的逃生速度大大降低。

③烟气的恐怖性

火灾中,特别是现场出现轰燃后,明亮的火焰和大量的烟气产生,使人感到十分恐惧。另外在这种环境下,人员无法分辨方向,难以从事故区域撤离。同时浓烟将给消防人员的侦查、灭火以及救援工作带来很大困难。

6.3.1 隧洞火灾预防措施

(1) 各应急小组做好隧洞内消防设备的日常检查、维护工作,及时修复已损坏设备,及时补充缺少的器材。

(2) 定期对通航隧洞内的安全警示标识、人员疏导标志等进行巡查、清洁,对于已损坏的标志及时修复,对于缺失的安全标识及时补充。

(3) 对通航隧洞消防设备、安全警示标识、人员疏导标志等的管理维护情况进行严格考核,并纳入通航隧洞安全管理体系。

(4) 加强对通航隧洞安全管理人员、船舶负责人的管理业务、火灾报警、消防设备的使用、应急处置技能的培训,做到及时发现火灾险情、迅速准确地上报险情、熟悉人员疏导工作。

6.3.2 隧洞火灾应急措施

船舶在隧洞内发生火灾后应立即利用船载消防设备进行自救灭火,并向相关部门报告险情信息,同时寻求救援,具体的应急处置步骤包括以下几方面:

(1) 船舶在通航隧洞航行过程中发生火灾时,事故船舶方立即发出全船警报并报告通航隧洞管理中心。船舶按本船应变部署程序开展应急工作。

(2) 事故船舶在保证自身安全的情况下第一时间利用船舶上的灭火设备进行灭火。

(3) 当船舶火灾难以控制,需要弃船时,船方应立即向枢纽运营单位报告。船上人员要求按本船应变部署程序做好在船上人员的疏散工作,相关人员立即撤离到逃生平台,通过隧洞内设置的人行疏散横通道撤离到安全区域。

(4) 枢纽应急中心接到船舶火灾警报后,应立即广播通知隧洞内其他船舶,协调组织尽快疏散隧洞内的其他船舶,可要求在前面航行的船只尽快驶离隧洞水域,在事故船舶后方的航行船舶停车,做好人员疏散准备。枢纽应急中心调整调度计划,禁止其他船舶再进入隧洞。

(5) 枢纽应急指挥中心应根据船舶火灾发生位置,启动隧洞内的通风排烟装置,同时启动隧洞内的固定灭火系统,减小烟气浓度,降低洞内温度,保障人员疏散安全。

(6) 枢纽应急中心立即组成应急小组,各小组接到通知后,迅速到达各自岗位。现场应急组(消防组)穿戴好防护用具后,从隧洞人行道和水上两路到达险情发生地点,疏散救援相关人员。后勤保障组负责120急救车和救护人员的引导,争取救援时间,同时做好船舶、车辆和物资的调配,保障通信畅通,加强内保。通航调度组(协调组)负责整个搜救行动相关内外部门的统一协调。

(7) 收到船舶在隧洞内火灾险情的信息后,海事部门立即就近指派海巡艇到枢纽上下游水域,根据险情需求实施局部临时交通管制。

(8) 火灾得到有效处置后,可根据船舶受损情况,采用自航或拖带的方式离开通航隧洞。

(9) 事故船舶离开通航隧洞后,组织技术人员对隧洞建筑物进行检查修复,经评估符合隧洞通航条件后,可恢复通航。

6.3.3 隧洞火灾事故推演分析

通航隧洞火灾事故本身具有一定的突发性和动态性,事故的演化过程受到人为干预和自身演化规则的共同作用,因此通航隧洞火灾的演化过程非常复杂,主要包括事故情景(A)、环境因素(E)、应急措施(R)、事故演变(◎)、响应目标(T—达到目标,$\overline{T}$—未达到目标)五个主要元素。在通航隧洞船舶火灾事故的发展过程中,会经历发生、演化、消亡等阶段,中间事故情景会经过多次转化。把事故情景分别记为 $A_0, A_1, A_2, \cdots, A_{n-1}, A_n$。其中,$A_0$ 表示初始情景,A_n 表示消失情景。火灾事故发生后,应急救援单位针对不同的火灾事故情景制定相应应急措施的响应目标。隧洞火灾事故自身在演变的同时,会因外部因素的介入而向着预期的响应目标演变。不论是否能够通过应急措施达到预想的演变目标,下一时间段的事故情景都会演变为另一个情景,直到事故消亡。

通航隧洞船舶火灾事故的初始情景 A_0 在环境因素 E_0、应急措施 R_0 和事故自身演化规律的共同作用下会发生改变,演变为其他的情景状态。因为不同时刻环境因素不同,应急措施也不同,所以导致通航隧洞船舶火灾事故的演变具有不可预测性和多样性。如果在初始情景 A_0 时采取一定的应急措施,使得事故完全按照预期的方向发展,且火灾事故达到预想的响应目标 T_0,令火灾情景从 A_0 演变到情景 A_1;在情景 A_1 时采取一定的应急措施,令火灾情景从 A_1 演变到情景 A_2;以此类推,直到整个事件消亡。

根据事故情景状态的不同,应急决策者会根据情况设置不同的响应目标,采取不同的应急措施。对于一般火灾事故演变,最乐观的演变态势是,在外部因素和自身演变规律的共同作用下,当火灾事故情景达到响应目标时,火灾事故按照预设的目标演化;持续干预事故演化进程,火灾事故继续按预设目标演变,最终完全控制火灾态势,事故消亡。最悲观的演变态势是,在外界的干预下,火灾事故的演变未达到预期目标,一直按照恶化方向发展,直到事故结束。如图 6.3-1 所示,$A_0 \rightarrow A_1 \rightarrow A_2 \rightarrow A_3 \rightarrow A_4$ 为最乐观的演变态势,$A_0 \rightarrow A_5 \rightarrow A_6 \rightarrow A_7 \rightarrow A_8$ 为最悲观的演变态势。

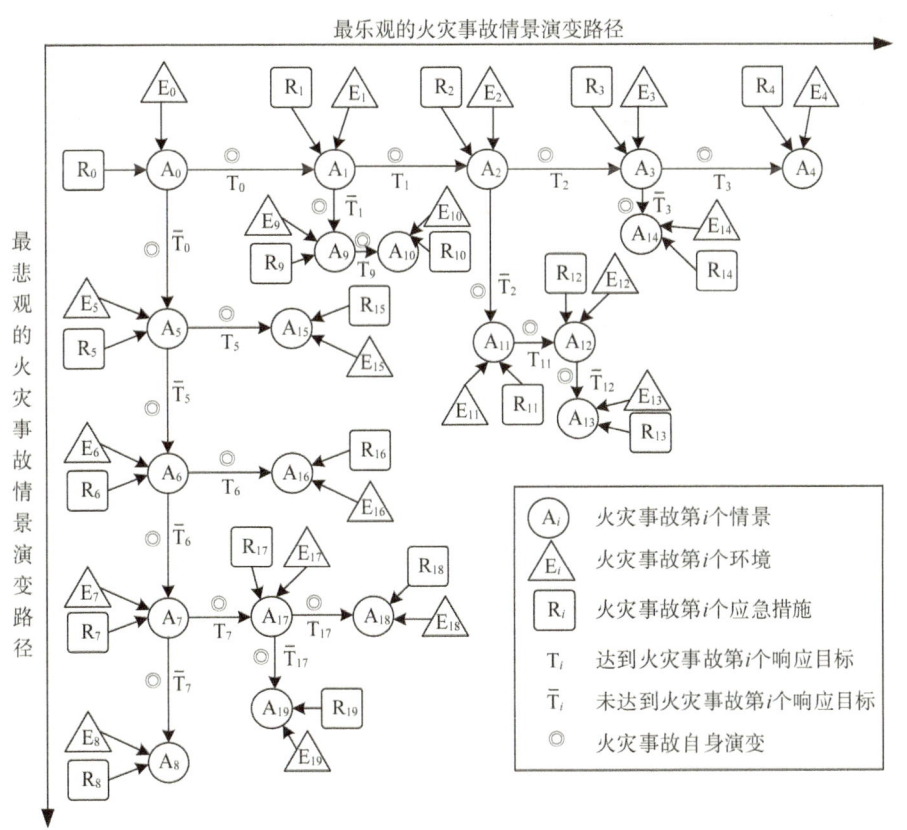

图 6.3-1　火灾事故情景演变路径

火灾事故发生后,将产生大量的烟气在隧洞内蔓延,造成隧洞内温度升高、CO 浓度升高、能见度下降。立即开启消防通风系统和灭火系统,可降低能见度下降速率,延长可用疏散时间,同时按照疏散要求,立即疏散被困人员,实现全体人员在可用时间内完成疏散,确保人员安全。

船舶在隧洞内发生火灾事故后,立即采取相应的应急处置措施,可在一定程度上改变事故的演化方向,减少人员伤亡和财产损失,最终控制事故发展态势直至事故消亡,隧洞恢复正常营运。通航隧洞船舶火灾事故最乐观的情景演变路径如图 6.3-2 所示。

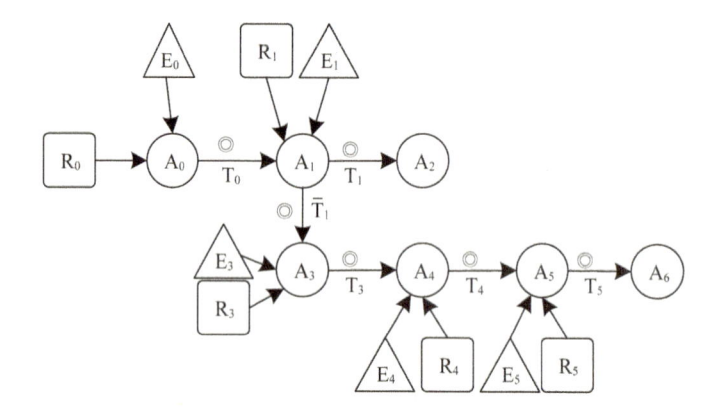

图 6.3-2 通航隧洞船舶火灾事故最乐观的情景演变路径

表 6.3-1 通航隧洞船舶火灾事故情景、环境因素及应急措施

A_0	船舶上可燃物起火,发生剧烈燃烧
E_0	事故船舶航行至隧道中部,前后均存在正在航行的船舶
R_0	事故船舶方立即发出全船警报并报告通航隧洞管理中心,事故船舶按本船应变部署程序开始开展自救等应急工作
A_1	火势蔓延,并产生大量烟气
E_1	事故船舶立即停船,烟气扩散至事故船舶附近区域
R_1	事故船舶在保证自身安全的情况下第一时间利用船舶上灭火设备进行灭火
A_2	火情得到控制,事故消失
A_3	船舶火灾难以控制,需要弃船逃生
E_3	大量烟气继续产生,并在隧洞内扩散,隧洞内的能见度下降、温度升高,CO 浓度升高
R_3	事故船立即向枢纽运营单位报告,船上负责人员按应变部署程序做好船员的疏散工作

续表

A_4	相关人员弃船,撤离到逃生平台
E_4	大量烟气继续产生,并在隧洞内扩散,隧洞内温度持续升高但未超过60℃,能见度继续下降,逐渐临近10 m,人员逃生速度减缓
R_4	应急中心通知隧洞内其他船舶,并协调组织尽快疏散隧洞内的其他船舶;启动隧洞内的排烟系统,同时启动隧洞内的灭火系统
A_5	火势得到控制,烟气扩散形势得到抑制
E_5	产生的烟雾不断排出隧洞,烟气浓度减小,隧洞内温度逐渐降低,能见度升高至正常水平30 m以上
R_5	救援人员从隧洞人行道和水上两路到达险情发生地点,疏散救援被困人员,通过隧洞出入口或人行疏散横通道撤离到安全区域
A_6	船舶火灾得到有效处置,相关人员安全撤离,隧洞恢复运营,事故消失

6.4 通航隧洞船舶火灾事故人员应急疏散研究

隧洞发生火灾时,应急过程中最重要的一个环节就是人员疏散问题。本书采用模型构建和仿真的方法对于这一过程进行了研究。

6.4.1 实验模型构建

数值模拟在火灾研究领域发挥着重要作用,目前不少学者使用该方法对火灾事故进行研究,大量模型实验与数值模拟的结果吻合较好,证明了数值模拟方法的可靠性。美国国家标准与技术研究院在FDS的基础上研发了采用场模拟的PyroSim软件。模型实验中,研究人员通过小尺寸模型测得某长隧道的烟气分布数据和温度数据;在本研究中,采用PyroSim软件对该长隧道的火灾进行模拟。进行结果对比,发现温度数据吻合较好,数值模拟与模型实验的误差比较小。

1) 通航隧洞船舶火灾模型

结合思林通航隧洞的基本设计情况,对通航隧洞进行几何化处理,在三维直角坐标系下构架隧洞的几何模型。采用PyroSim软件,按照1∶1的比例建立隧洞全尺寸几何模型,思林通航隧洞几何模型如图6.4-1所示。根据设计要求,思林通航隧洞采用全射流纵向式通风排烟模式,采用在隧洞顶部安装单向射流风机的方式,因此在几何模型的基础上,在隧洞上方设置射流风机,为通航隧洞排烟提供纵向风速。

图 6.4-1　思林隧洞几何模型

思林隧洞所在航道设计为Ⅳ级航道标准,设计船型为1 000吨级单机动船。由于乌江流域每年的客运需求巨大,目前乌江水域营运的多为70客位以下的客船,且货运需求达数千万吨,包含煤炭、金属矿石、钢材、粮食等各类货物,因此在实验中选取1 000吨级的普通货船和70客位客船作为主要研究对象,代表船型的主尺度参数如表6.4-1所示。

表 6.4-1　代表船型的主尺度

船舶类型	船长(m)	船宽(m)	设计吃水(m)	船舶配员
1 000吨级货船	57	10.8	2.5	5人
70客位客船	28	3.5	0.7	4人

考虑到隧洞内单起事故的火灾场景以及火灾对隧道内人员疏散影响的不利程度,选取船舶位于隧洞中间的最不利情况。相关研究显示,在各类船舶火灾中,机舱火灾占比约为64.29%,货舱火灾占比为20.00%,客舱、船员生活区等其他区域火灾占比约为15.71%,根据本书所选取的思林通航的实际情况,确定通航隧洞内可能的火灾场景为以下三种:

(1) 客舱或船员生活区火灾

客船上的客舱或货船上船员的起居室发生火灾时,可燃物主要包括可燃装饰材料、家具、窗帘等,火源热释放速率比较小。客舱、船员生活区火灾的火源最大功率可通过式(6-1)计算:

$$Q = q \cdot A \cdot \beta \tag{6-1}$$

式中:Q为火源功率,MW;q为单位面积热释放速率,kW/m²,取值范围为[100,180];A为舱室面积,m²;β为燃料面积与舱室面积比。

通过式(6-1)计算可得,客舱或船员生活区起火的最大功率为17.64 MW。因此,模拟中的客舱或船员生活区火灾功率取20 MW。

(2) 货舱火灾

货船货舱内装载的煤炭、粮食、矿建材料等均属于易燃物质,在运输过程中极易发生火灾,火源增长方式为快速增长。通过式(6-1)计算可得,货舱火灾燃烧的最大功率约为 29.95 MW。因此,模拟中的货舱火灾功率取 30 MW。

(3) 机舱火灾

货船分为左右两个燃料舱,燃油舱的容积为 30 m³,燃料舱中的燃料油泄漏后最可能在舱底形成油池并发生燃烧,油池火的火源增长方式为超快速增长,油池火的最大功率可通过式(6-2)计算:

$$Q = m \cdot \Delta H_c \cdot \chi \frac{\pi R^2}{4} \quad (6-2)$$

式中:m 为燃烧速率,$g/(m^2 \cdot s)$;ΔH_c 为燃烧热,MJ/kg;χ 为燃烧效率;R 为油池直径,m。

经式(6-2)计算可知,因燃料油泄漏形成的油池火的最大功率为 50.37 MW。因此,模拟中的机舱火灾功率取 50 MW。

为了判断火灾事故发生时通航隧洞内风速、能见度、温度、CO 浓度等参数是否满足人员安全逃生指标,需重点关注人眼特征高度的结果。在人眼特征高度,每隔 5 m 设置一个监测点。

2) 通航隧洞人员疏散模型

思林通航隧洞的设计宽度为:1.5 m(逃生平台)+16 m(航道水域)+1.5 m(逃生平台)。船舶与逃生平台之间由 1 m 宽的临时通道连接。思林通航隧洞采用双洞单向通航的运行模式,上行隧洞与下行隧洞由横通道连接,横通道间距考虑为 400 m、300 m、200 m 三种情况。

当船舶发生火灾需要进行人员疏散时,货船的疏散人数为船上的船员人数,客船的疏散人数为船员和旅客的总人数。目前乌江水域主要采用 70 客位的客船,思林隧洞的设计船型为 1 000 吨级的货船。根据《内河船舶最低安全配员标准》要求,1 艘货船配备 5 名船员,1 艘客船配备 4 名船员,装载的乘客设定为 70 人。

思林隧洞可以允许多船同时通过,考虑到船舶制动等方面的影响,为保障船舶航行安全,两船间的距离控制在 300 m 以上,因此隧洞内最多容纳 6 艘船同时通行。隧洞在运营时,客船不与载运危险货物的液货船同时通过隧道,因此在计算人员载荷时考虑表 6.4-2 中列出的几种情况。

表 6.4-2　不同客货船只编队人员载荷

序号	编队形式	人员载荷
1	6艘货船	30人
2	1艘客船、5艘货船	99人
3	2艘客船、4艘货船	168人

目前，我国绝大部分内河船员为男性，因此可以设定普通货船的人员组成全部为成年男性。客船上的乘客还包括成年女性、老人和儿童。本研究中，综合考虑人员性别、年龄、能见度等因素对人员逃生速度的影响，最终将人员的移动速度设置为以下值，如表6.4-3所示。

表 6.4-3　人员疏散速度设置

人员类型	老人	成年男性	成年女性	儿童
移动速度(m/s)	0.7	1.0	0.9	0.8

从船舶发生火灾事故，到人员开始逃生动作，这个过程所需的总时间为人员反应时间，主要包含两部分时间：火灾预警时间和预动作时间。通航隧洞内通常设有火灾应急系统，船舶火灾比较容易被发现，同时隧洞结构简单，但客船上的乘客对报警系统和疏散方案不太熟悉，需通过声音广播发布警报，综合考虑上述因素，将火灾预警时间取为 2 min。对于船舶火灾事故而言，预动作时间主要是指停船的时间，通过船舶操纵仿真模拟实验测得各种状态下所需的最长预动作时间为 37.9 s。

6.4.2　通航隧洞船舶火灾数值模拟

（1）烟气扩散情况

三种场景下，隧洞内烟气的蔓延情况如图6.4-2所示。火灾事故在发展初期（100 s 以内），在射流风机的作用下，绝大部分烟气向火区下游扩散，同时也存在少量烟气回流的现象，烟气的分层结构逐渐被破坏，部分烟气下落至人员疏散平台。随着风机的进一步作用，在 114 s、128 s、146 s 左右，烟气回流现象逐渐消失。三种场景下火区上游烟气回流的最大距离分别为 43 m、64 m、76 m。最终，火灾产生的所有烟气均向火区下游扩散，由隧道出口排出，各组实验中烟气运动至隧洞出口的时间分别为 257 s、248 s、226 s。到 300 s 时，火源下游大部分的区域被烟气淹没，货船机舱油料火灾工况下烟气对逃生平台的影响范围最大。

$t=100$ s

$t=200$ s

$t=300$ s

(a) 客舱/船员生活区火灾

$t=100$ s

$t=200$ s

$t=300$ s

(b) 货舱火灾

$t=100$ s

$t=200$ s

$t=300$ s

(c) 机舱火灾

图 6.4-2　火灾烟气蔓延情况图

(2) CO 浓度分布

火灾燃烧至 600 s 时，各组实验中人眼特征高度的 CO 浓度分布如图 6.4-3 所示。实验结果表明，当事故船舶位于中部时，火区下游受影响较大，火区上游区域的 CO 浓度极低，高浓度区域均位于火区下游，且隧洞内的 CO 浓度与火源功率大小成正相关。发生客船客舱火灾、货船货舱火灾、货船机舱油料火灾时，人眼特征高度层的 CO 浓度最高值分别为 74 ppm、95 ppm、122 ppm。

(a) 客舱/船员生活区火灾

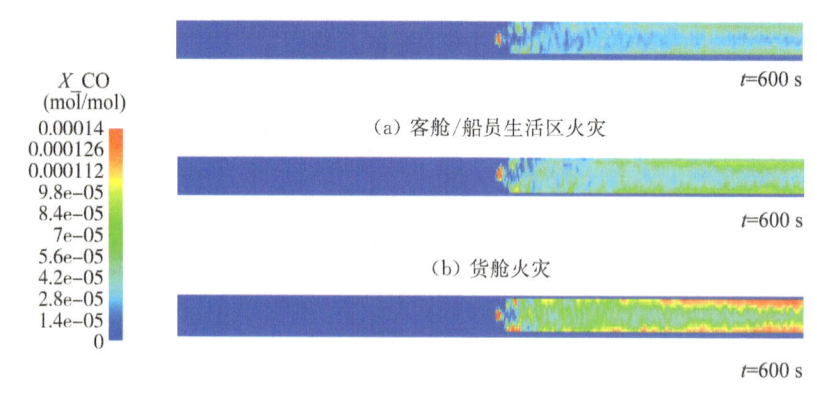

(b) 货舱火灾

(c) 机舱火灾

图 6.4-3　CO 浓度分布图

(3) 温度分布

在人眼特征高度层距离火源最近的监测点 A 测得的温度变化数据如图 6.4-4 所示。在火灾发生的前 150 s 时段内,人眼特征高度的温度会经过先上升、后下降、再上升的波动变化,后期处于稳定状态,稳定时期的温度不超过 30℃。火灾发生初期,隧洞内的温度快速上升,且火源功率越大,温度越高。机舱起火时,人眼特征高度层的最高温度可达 57.35℃;客舱和货舱起火时,最高温度分别为 41.19℃和 29.63℃。

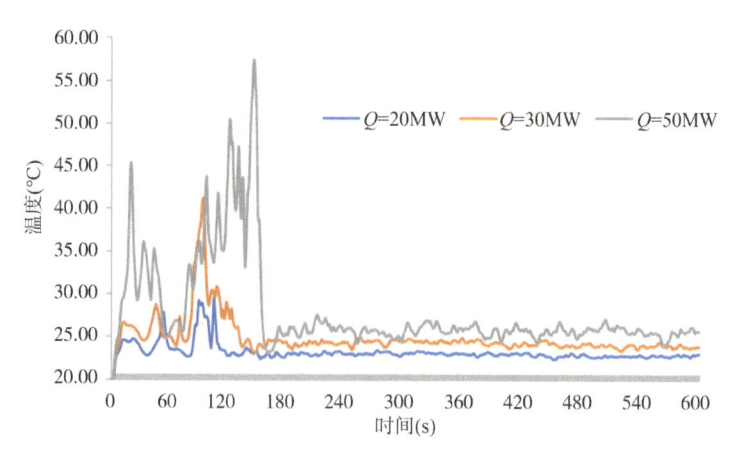

图 6.4-4　人眼特征高度的温度变化图

(4) 能见度分布

随着烟气的扩散沉降,通航隧洞内能见度不断降低,图 6.4-5 是隧洞内的能见度随时间变化图。由于通风系统控制烟气向隧洞出口扩散,因此隧洞左侧区域几乎不受烟气影响,能见度较好,维持在 30 m 以上,右端能见度下降明显,200 s 时小范围区域内能见度下降,600 s 时出口附近范围能见度极低,降至 4 m 以内。

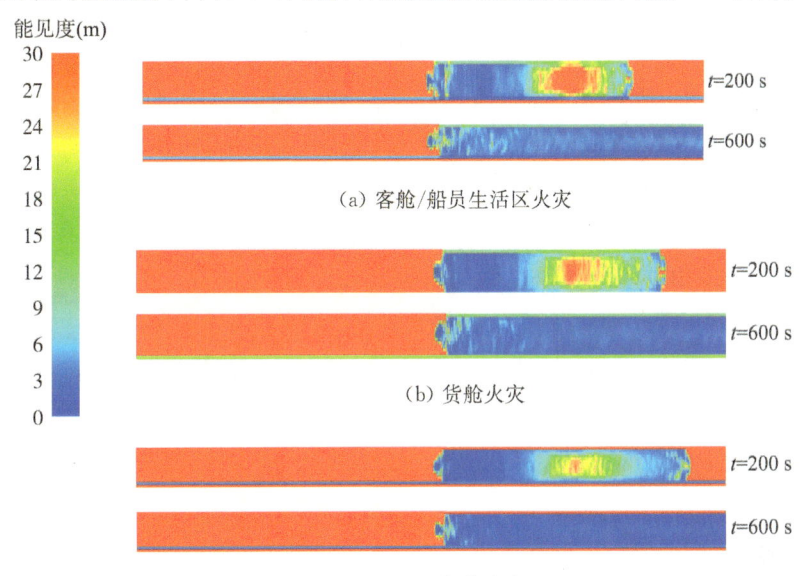

图 6.4-5 能见度分布图

综合来看,火灾事故中温度和 CO 浓度的变化不大,均处于安全范围,能见度的快速下降是影响人员安全的主要因素。

6.4.3 通航隧洞人员疏散研究

(1) 人员安全疏散评判标准

为确保人员疏散区域在逃生时间内相对安全,可将温度、CO 浓度、能见度作为人员安全逃生的判断标准。选择人眼特征高度层的 60℃ 作为人员安全逃生的温度限值;以 150 ppm 作为人眼特征高度 CO 浓度的安全限值;以 10 m 的能见度为安全限值。

由于隧洞的纵向距离远大于横向距离,烟气纵向蔓延的时间较长,不同位置对应的疏散时间差距较大,因此应结合纵向位置判断疏散安全,即:

$$\text{RSET}(X) < \text{ASET}(X) \tag{6-3}$$

在进行通航隧洞人员安全疏散判断时,$\text{RSET}(X)$ 表示 X 位置的最后一个人撤离的时间,$\text{ASET}(X)$ 表示 X 位置达到危险状态的时间。

(2) 可用安全疏散时间

可用安全疏散时间 ASET 是指从火灾发生到某项特征指标达到危险限值所经历的时间。

$$\text{ASET} = \min(t_1, t_2, t_3) \tag{6-4}$$

式中：t_1 为 CO 浓度达到安全限值 150 ppm 的时间；t_2 为人眼特征高度层的温度达到安全限值 60℃ 的时间；t_3 为能见度小于 10 m 的时间。

根据火灾模拟结果中的 CO 浓度分析，在三种火灾场景下，人眼特征高度层的 CO 浓度最高值始终小于安全限值 150 ppm，所以 $t_1 > 600$ s。人眼特征高度的观测结果显示，火灾事故中人眼特征高度的最高温度低于安全限值 60℃，故 $t_2 > 600$ s。当人眼特征高度层的能见度小于 10 m 时将不满足安全疏散要求，因此可通过实验中观测到的能见度变化情况判定可用的安全疏散时间。各观测点位置可用的安全疏散时间如图 6.4-6 所示(为方便绘图，将可用疏散时间大于 600 s 的位置取值为 600 s)。

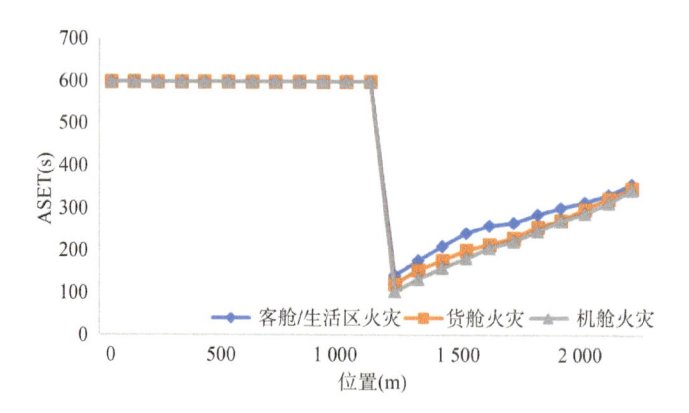

图 6.4-6　各观测点的可用安全疏散时间

(3) 必须安全疏散时间

综合考虑人员逃生方式、火灾场景、船舶编队情况、横通道间隔等因素，设置以下 18 组模拟实验。

表 6.4-4　疏散模拟实验方案

人员逃生方式	船舶编队情况	横通道间隔(m)	对应实验编号
引导人员向特定出口疏散	6 艘货船	400、300、200	1,2,3
	1 艘客船、5 艘货船	400、300、200	4,5,6
	2 艘客船、4 艘货船	400、300、200	7,8,9

续表

人员逃生方式	船舶编队情况	横通道间隔(m)	对应实验编号
人员任意选择疏散出口	6艘货船	400、300、200	10、11、12
	1艘客船、5艘货船	400、300、200	13、14、15
	2艘客船、4艘货船	400、300、200	16、17、18

通过模拟实验获取的必须安全疏散时间结果如下图所示。

①隧洞内共6艘货船，且全体人员跟随指引向最近的逃生出口移动的疏散结果如图6.4-7所示。

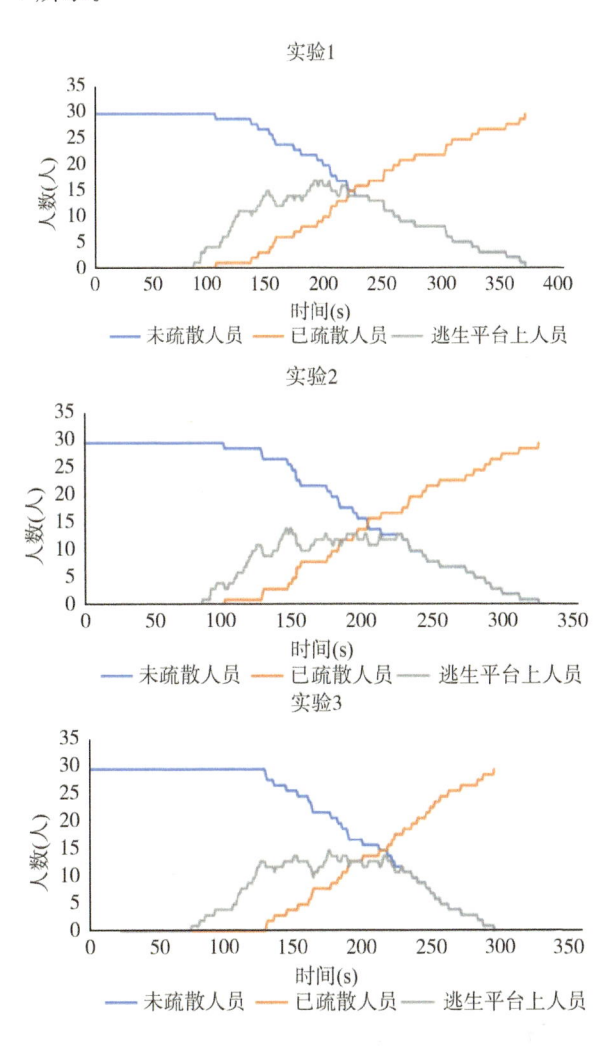

图6.4-7 6艘货船的疏散结果(指引)

②隧洞内共1艘客船、5艘货船,且全体人员跟随指引向最近的逃生出口移动的疏散结果如图6.4-8所示。

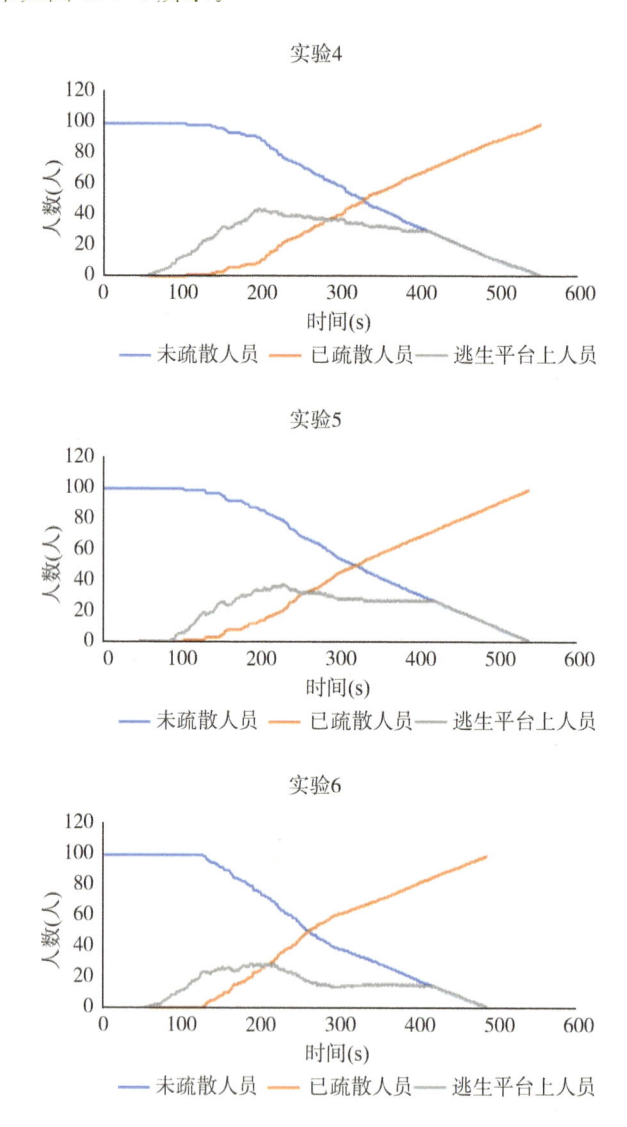

图 6.4-8　1艘客船、5艘货船的疏散结果(指引)

③隧洞内共2艘客船、4艘货船,且全体人员跟随指引向最近的逃生出口移动的疏散结果如图6.4-9所示。

实验7

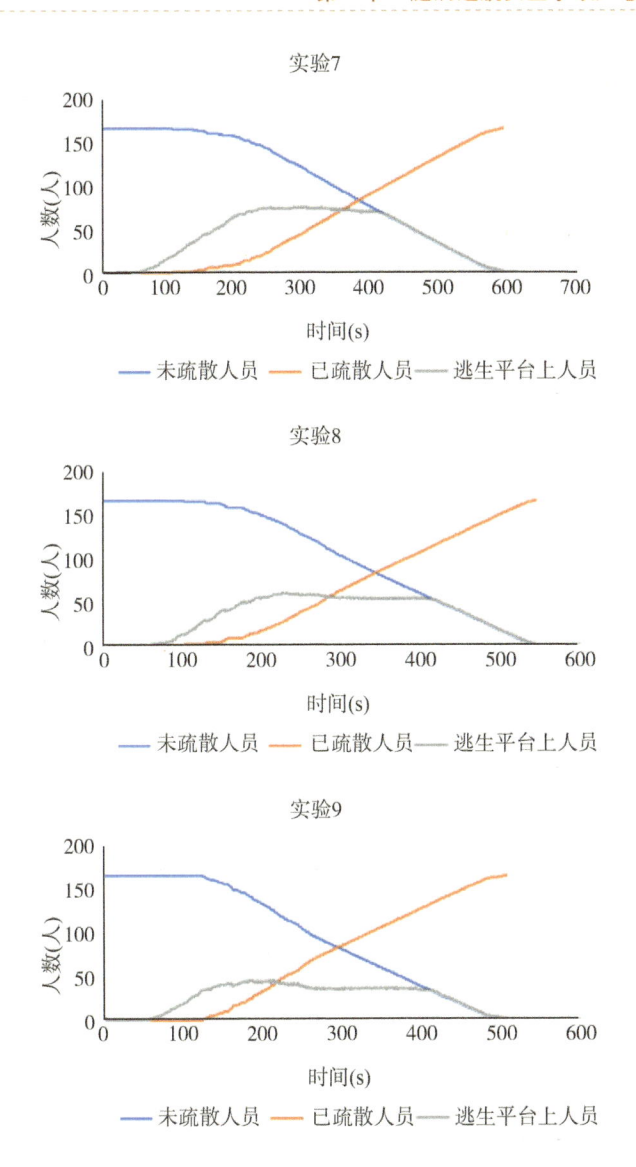

实验8

实验9

图 6.4-9　2 艘客船、4 艘货船的疏散结果（指引）

④隧洞内 6 艘货船航行，人员在疏散时任意选择逃生出口的疏散结果如图 6.4-10 所示。

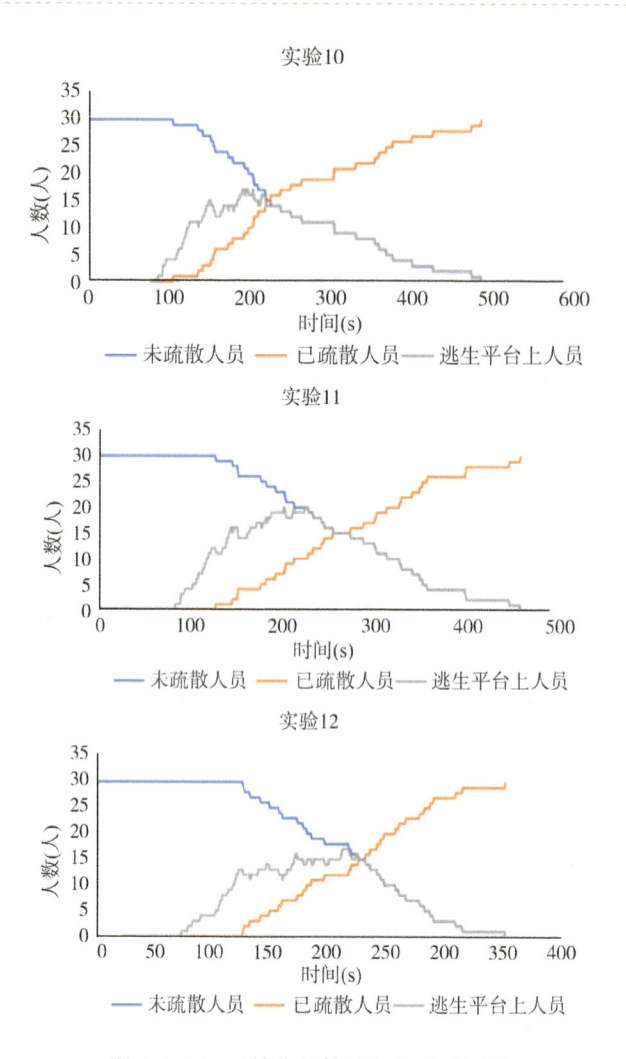

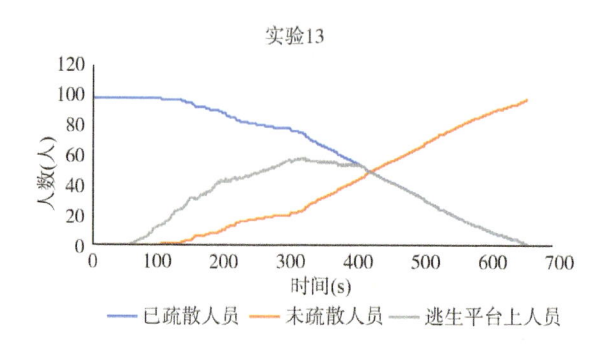

图 6.4-10　6 艘货船的疏散结果(任意)

⑤隧洞内 1 艘客船、5 艘货船航行,人员在疏散时任意选择逃生出口的疏散结果如图 6.4-11。

实验14

— 已疏散人员　— 未疏散人员　— 逃生平台上人员

实验15

— 已疏散人员　— 未疏散人员　— 逃生平台上人员

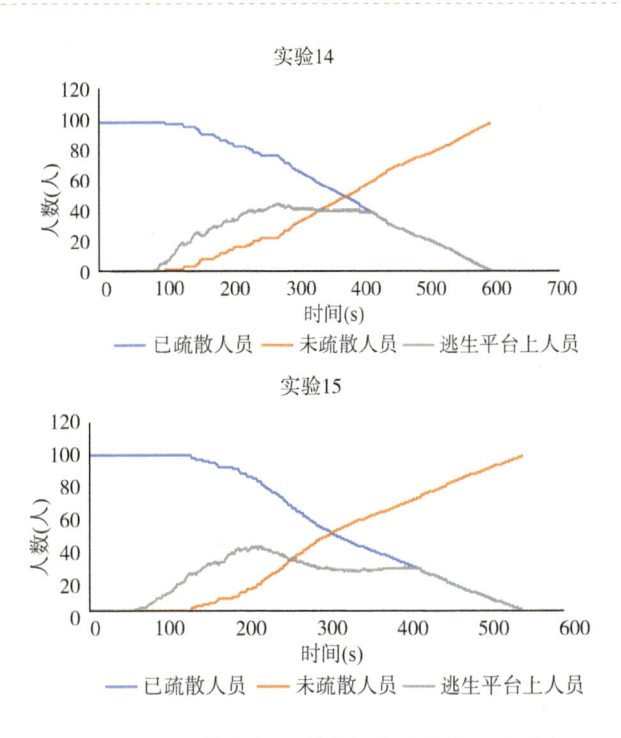

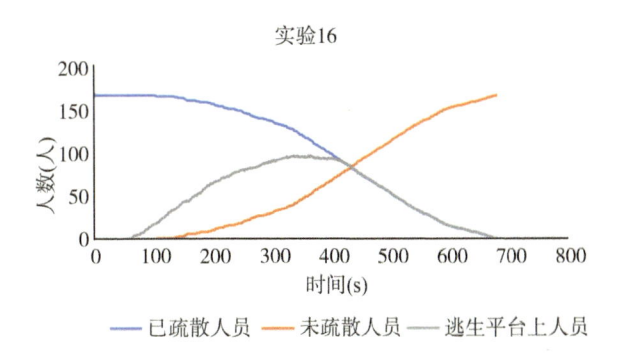

图 6.4-11　1 艘客船、5 艘货船的疏散结果(任意)

⑥隧洞内 2 艘客船、4 艘货船航行，人员在疏散时任意选择逃生出口的疏散结果如图 6.4-12。

实验16

— 已疏散人员　— 未疏散人员　— 逃生平台上人员

实验17

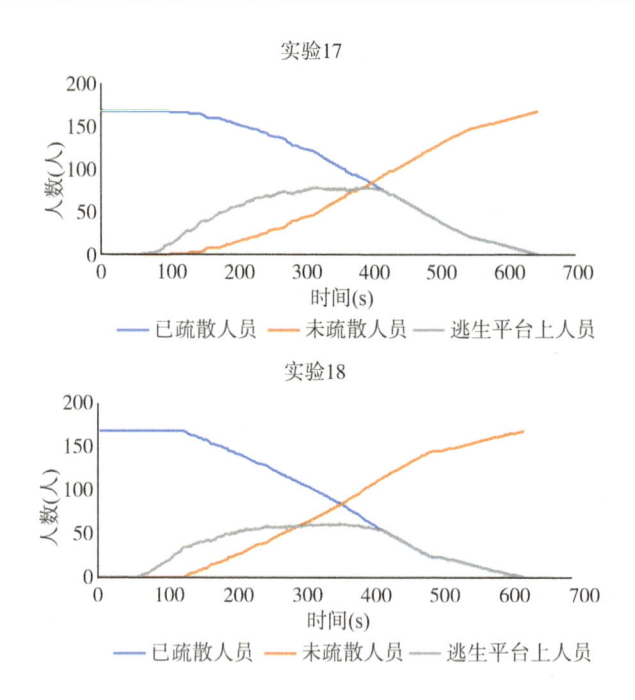

图 6.4-12　2 艘客船、4 艘货船的疏散结果(任意)

上述实验结果表明：相同场景下，横通道的间距越小，人员在逃生平台上运动的距离越小，疏散所需要的时间也越短。隧洞内存在客船时，人员载荷大大增加，且客船上存在老人和儿童旅客，大部分乘客未经过专业的逃生训练，使得客船的疏散效率远小于货船的疏散效率。在疏散的过程中，引导被困人员通过最优的逃生路径疏散，疏散效率将大大提高，减少疏散时间。

通过计算和对比实验数据可知，仅有疏散实验 3(隧洞内只有 6 艘货船，横支洞间隔为 200 m)，满足部分火灾工况下的安全疏散要求，疏散实验 3 中各个出口的 REST 和 ASET 对比情况见表 6.4-5。

表 6.4-5　实验 3 各火灾工况下 REST 和 ASET 的对比情况

出口	REST(s)	AEST(s)		
		客舱/船员生活区火灾	货舱火灾	机舱火灾
1	252.5	>600	>600	>600
2	0	>600	>600	>600
3	291.8	>600	>600	>600
4	0	>600	>600	>600
5	226.5	>600	>600	>600

续表

出口	REST(s)	AEST(s)		
		客舱/船员生活区火灾	货舱火灾	机舱火灾
6	258.7	>600	>600	>600
7	0	176	154	132
8	0	240	201	180
9	248.4	265	230	220
10	0	300	273	270
11	283.9	333	324	255
安全性		安全	不安全	不安全

当船员起居室起火时，无论事故船舶处在隧洞的哪个位置，任何出口的REST均小于AEST，符合人员安全疏散准则。当货舱起火时，出口9的REST大于AEST，无法在可用的安全疏散时间内完成疏散。当机舱起火时，出口9的REST大于AEST，不能满足人员安全疏散准则要求。

6.5 通航隧洞典型突发事件应急方案

在重点分析了通航隧洞船舶火灾突发事件的应急处置方案后，本书针对其他典型突发事件（人员落水、船舶沉没、船舶触碰、船舶碰撞、航道堵塞等）的应急处置开展了研究，建立了相关的应急处置方案库。

6.5.1 通航隧洞内人员落水应急处置方案

通航隧洞是船舶通航的基础设施，船舶在停泊、航行过程中都有可能发生船员或旅客落水事故，为了预防事故发生和及时救援落水人员，保障人员生命财产安全，保障隧洞安全通畅，特制定本方案。

（1）加强管理和宣传：加强船舶过隧洞的全面管理，船舶通过隧洞设施前，通过广播等方式认真做好安全宣传，提高在船人员安全意识，有效防范人员落水事故发生。

（2）认真落实，配备救生器材：在隧洞两侧的定点配备人员救生器材，器材要求放置在明显处，取用方便、快捷，定期检查，确保有良好的使用状况，并一律不能挪用。

（3）落水救援措施：当隧洞范围内发生人员落水时或听到呼救声后，船舶应立即停车，及时确定人员落水位置，同时上报人员落水信息至通航枢纽管理单位。

(4) 枢纽管理单位接到人员落水警报后,应立即广播通知隧洞内尾随船舶紧急停车避让,避免伤害落水者。同时在隧洞入口处亮起通行红灯,禁止后续船舶进入隧洞。

(5) 船方在枢纽管理单位应服从应急指挥中心的统一指挥,在枢纽应急人员到来前应积极在本船周围水域寻找落水人员。发现落水人员后,船方应当向落水者抛救生器具,协助其救援上船,同时及时上报。

(6) 枢纽应急中心指挥组接到险情通知后,立即组成相关应急小组,各小组接通知后,迅速到达各自岗位。现场应急组(消防组)应采用冲锋舟等设施,从隧洞人行道和水上两路沿船舶航行水域进行落水人员搜寻;后勤保障组负责120急救车和救护人员的引导,争取救援时间,同时做好船舶、车辆和物资的调配,保障通信畅通,加强内保。通航调度组(协调组)负责整个搜救行动相关内外部门的统一协调。

(7) 落水人员救起后,立即开展医疗救助。同时,现场救援组经对水域进行清理后,可通报指挥中心宣布应急结束,隧洞恢复通航。

6.5.2　通航隧洞内船舶沉没险情应急方案

(1) 船舶在通航隧洞航行过程中若有进水沉没的可能时,船方应立即发出全船警报并报告通航隧洞运行管理中心。船舶按本船应变部署程序做好在船船员或者旅客的稳定工作。

(2) 船舶上层建筑较高且船舶沉没后人员无落水危险时,全体船员可撤离到较高层甲板等待救援。

(3) 船舶上层建筑较低且船舶沉没后人员有落水危险时,全体船员应携带好救生设备,做好弃船准备。

(4) 若可能时,船员应利用隧洞航道两岸侧壁的人员逃生攀爬设施攀爬上两岸走道。

(5) 枢纽管理单位接到船舶沉没警报后,应立即广播通知隧洞内其他尾随船舶紧急停车避让,避免碰撞前船和伤害落水者。同时在隧洞入口处亮起通行红灯,禁止后续船舶进入隧洞。

(6) 枢纽应急中心接到险情通知后,立即组成应急小组,各小组接通知后,迅速到达各自岗位。现场救援组应采用冲锋舟等设施,从隧洞人行道和水上两路快速到达险情发生地点,将难船上相关人员转移到岸上或冲锋舟上。后勤保障组负责120急救车和救护人员的引导,争取救援时间,同时做好船舶、车辆和物资的调配,保障通信畅通,加强内保。协调组负责整个搜救行动相关内外部门的统一协调。

（7）由于沉船应急持续时间较长，枢纽应急中心逐步停止其他通航设施（如船闸、升船机）的运行，并应向当地政府和海事部门报告，申请海事部门在枢纽上下游水域根据险情需求实施局部临时交通管制。

（8）现场应急小组组织安排大功率潜水泵，协助船方开展排水、堵漏措施，协助船舶自浮。根据险情组织隧洞内他船实施帮扶抗沉。当堵漏排水、帮扶抗沉等措施不足以消除沉船险情时，及时组织遇险船舶货物过驳。

（9）当遇险船舶在隧洞内起浮脱险后，应采用他船拖带或岸基拖带的方式拖带难船驶离隧洞。

（10）当难船离开枢纽水域后，清理险情水域，确定无其他碍航物后，可恢复通航。

6.5.3　通航隧洞内船舶触碰险情应急方案

（1）枢纽管理部门应在隧洞内易发生触碰的位置（进洞口门等）安装相关导助航标志和警示标志。

（2）船舶在通航隧洞航行过程中发生触碰时，船方立即发出全船警报并报告通航隧洞运行管理中心。船舶按本船应变部署程序做好在船船员或者旅客的稳定工作。

（3）枢纽管理单位接到船舶触碰警报后，应立即广播通知隧洞内其他尾随船舶紧急停车避让，前面航行船只尽快驶离隧洞水域。如触碰发生在隧洞进口门处，船舶应停车，不再进入隧洞。同时，暂停枢纽相关其他通航设施（升船机、船闸等）的运行。

（4）如发生触碰船舶处于失控状态，船方应按《中华人民共和国内河避碰规则》规定，显示号灯号型。

（5）枢纽应急中心接到险情通知后，立即组成应急小组，各小组接通知后，迅速到达各自岗位。现场救援组应采用冲锋舟等设施，从隧洞人行道和水上两路快速到达险情发生地点，如有必要，将难船上相关人员转移到岸上或冲锋舟上。后勤保障组负责120急救车和救护人员的引导，争取救援时间，同时做好船舶、车辆和物资的调配，保障通信畅通，加强内保。协调组负责整个搜救行动相关内外部门的统一协调。

（6）若事故船舶在洞内发生触碰，经评估，事故船舶受损较轻且通航环境不影响船舶通行的，事故船舶应尽快驶离通航隧洞。

（7）若事故船舶在洞内发生触碰，事故船舶受损较重时，应对遇险船舶车、舵等设备进行检查,确定船舶脱险后的自航能力。根据触损程度,确定实施自力脱险、卸载脱险或他船协助脱险等救助措施,尽快将事故船舶拖带出隧洞。

(8)应急指挥中心组织相关专家对触碰受损隧洞结构进行安全评估,并根据受损程度进行工程修复。

(9)隧洞结构受损较严重,需要进行较长时间修复的,枢纽应急中心应向当地政府和海事部门报告,申请海事部门在枢纽上下游水域根据险情需求实施交通管制。

(10)经评估隧洞符合安全营运条件时,恢复隧洞运行。

6.5.4　隧洞内船舶碰撞险情应急预案

(1)隧洞内同向船舶航行时应根据隧洞通航管理要求,采用安全航速,保持安全间距。

(2)船舶进入隧洞时应严格遵守隧洞口通行标志信号灯,绿灯亮起时方可驶入隧洞。

(3)船舶在通航隧洞航行过程中发生碰撞时,两船方立即发出全船警报并报告通航隧洞运行管理中心。船舶按本船应变部署程序做好在船船员或者旅客的稳定工作。

(4)碰撞发生后,船方应立即采取自救行动,评估受损程度,防止进水,避免险情、损失进一步扩大。

(5)枢纽管理单位接到船舶触碰警报后,应立即广播通知隧洞内其他尾随船舶紧急停车避让,前面航行船只尽快驶离隧洞水域。

(6)枢纽应急中心接到险情通知后,进行碰撞险情核实,核实船舶基本资料、险情发生的时间和地点,发生发展情况,载货情况(包括货物的种类和数量,有无危险品、油料,在船上的装载位置等),附近船舶情况,及是否存在危险以及救助要求。

(7)两船受损较轻时,船舶应按枢纽管理部门调度要求,尽快驶离通航隧洞。

(8)碰撞险情需要救助时,应急中心应立即组成应急小组,各小组接通知后,迅速到达各自岗位。现场救援组应采用冲锋舟等设施,从隧洞人行道和水上两路快速到达险情发生地点,如有必要,将难船上相关人员转移到岸上或冲锋舟上。后勤保障组负责120急救车和救护人员的引导,争取救援时间,同时做好船舶、车辆和物资的调配,保障通信畅通,加强内保。协调组负责整个搜救行动相关内外部门的统一协调。

（9）事故船舶受损严重或操纵设备受损时，应急人员采取排水堵漏等措施，并使用其他船舶或隧洞拖车将事故船舶拖离隧洞。

（10）碰撞事故较严重，需要进行较长时间应急处置的，枢纽应急中心应向当地政府和海事部门报告，申请海事部门在枢纽上下游水域根据险情需求实施交通管制。

（11）事故水域经清理不影响船舶通行后，恢复隧洞运行。

6.5.5　隧洞内船舶火灾险情应急方案

（1）船舶在通航隧洞航行过程中发生火灾时，事故船舶方立即发出全船警报并报告通航隧洞管理中心。船舶按本船应变部署程序开展应急工作。

（2）事故船舶在保证自身安全的情况下第一时间利用船舶上灭火设备进行灭火。

（3）船舶火灾难以控制，需要弃船时，船方应立即向枢纽运营单位报告。船上人员要求按本船应变部署程序做好在船船员或者旅客的疏散工作，相关人员立即撤离到逃生平台，通过隧洞出入口或人行疏散横通道撤离到安全区域。

（4）枢纽应急中心接到船舶火灾警报后，应立即广播通知隧洞内其他船舶，协调组织尽快疏散隧洞内的其他船舶，可要求前面航行船只尽快驶离隧洞水域、事故船舶后方的航行船舶停车，做好人员疏散准备。枢纽应急中心调整调度计划，禁止其他船舶再进入隧洞。

（5）枢纽应急指挥中心应根据船舶火灾发生位置，启动隧洞内的烟雾排风装置，同时启动隧洞内的固定灭火系统，减小烟雾浓度，降低洞内温度，保障人员疏散安全。

（6）枢纽应急中心立即组成应急小组，各小组接通知后，迅速到达各自岗位。现场救援组（消防组）穿戴好防护用具后，从隧洞人行道和水上两路到达险情发生地点，疏散救援相关人员。后勤保障组负责120急救车和救护人员的引导，争取救援时间，同时做好船舶、车辆和物资的调配，保障通信畅通，加强内保。协调组负责整个搜救行动相关内外部门的统一协调。

（7）收到船舶在隧洞内火灾险情的信息后，海事部门立即就近指派海巡艇到枢纽上下游水域，根据险情需求实施局部临时交通管制。

（8）当火灾得到有效处置后，船舶可根据受损情况，采用自航或拖带的方式离开通航隧洞。

（9）当事故船舶离开通航隧洞后，组织技术人员对隧洞建筑物进行检查修复，经评估符合隧洞通航条件后，可恢复通航。

6.5.6 隧洞内航道堵塞船舶应急预案

（1）当船舶在通航隧洞航行过程中由于失去动力、超高超宽超吃水或其他事故导致在隧洞内航道发生滞留时，事故船舶方应立即报告通航枢纽应急指挥中心。

（2）枢纽应急指挥中心接到隧洞航道堵塞警报后，应立即广播通知隧洞前方船舶尽快驶离隧洞、隧洞内后方其他尾随船舶紧急停车避让，在隧洞入口处亮起通行红灯禁止后续船舶进入隧洞，堵塞点前船舶则尽快驶离隧洞。

（3）枢纽应急指挥中心指挥组接到报告后应尽快了解航道堵塞原因，启动应急疏通措施，应急人员迅速到达指定位置，实施对船舶的疏导管理。

（4）堵航事故较严重，需要进行较长时间应急处置的，枢纽应急中心应向当地政府和海事部门报告，申请海事部门在枢纽上下游水域根据险情需求实施交通管制。

（5）因社会治安等原因发生船舶在隧洞内堵航时，应及时联系公安相关部门进行应急处置。

6.6 小结

（1）系统提出了通航隧洞应急管理要求及船舶事故应急组织架构与处置流程。

（2）以火灾事故为例提出了通航隧洞船舶火灾事故情景演变路径，建立了通航隧洞船舶火灾数值模拟模型和人员疏散模型，结果表明：火灾事故中温度和CO浓度的变化不大，均处于安全范围，能见度的快速下降是影响人员安全的主要因素。相同场景下，横通道的间距越小，人员在逃生平台上运动的距离越小，疏散所需要的时间也越短。隧洞内存在客船时，人员载荷大大增加，且客船上存在老人和儿童旅客，大部分乘客未经过专业的逃生训练，使得客船的疏散效率远小于货船的疏散效率。在疏散的过程中，引导被困人员通过最优的逃生路径疏散，疏散效率将大大提高，减少疏散时间。当船员起居室起火时，无论事故船舶处在隧洞的哪个位置，任何出口的 REST 均小于 AEST，符合人员安全疏散准则。当货舱起火时，出口 9 的 REST 大于 AEST，无法在可用的安全疏散时间内完成疏散。当机舱起火时，出口 9 的 REST 大于 AEST，不能满足人员安全疏散准则要求。

（3）在重点分析了通航隧洞船舶火灾突发事件的应急处置方案后，本书针对其他典型突发事件（人员落水、船舶沉没、船舶触碰、船舶碰撞、航道堵塞等）的应急处置开展了研究，建立了相关的应急处置方案库。

结束语

本书以通航隧洞这一特殊通航设施为研究对象，重点研究其通航风险和应急处置技术，深入分析了隧洞通航风险因素，给出了隧洞通航风险评价指标体系，进一步提出了隧洞通航风险评价方法，并给出通航隧洞船舶安全间距计算方法及安全管控模式，最后提出了隧洞通航安全事故应急处置方法，依托于乌江思林水电站枢纽二线展开相关应用，得到的结论如下：

（1）在梳理了与通航隧洞有相似特征的公路隧道和限制性航道的交通风险因素的基础上，系统总结了通航隧洞的船舶航行过程风险以及特殊船舶通航事故后果特征，采用风险理论，辨识了通航隧洞典型船舶交通事故——碰撞事故与火灾爆炸事故——的风险因素，主要分为触发类和激化类两类因素。

（2）针对隧洞通航安全问题复杂、多层次的特点，通过调研相关部门，经多次专家咨询，对隧洞通航风险致因因素进行了归纳分析，采用鱼骨图分析法构建了隧洞通航风险评价指标体系，包含 3 个层次，其中一级指标 1 个，二级指标 4 个，三级指标 15 个。明确各指标间的逻辑关系和层次定位，根据评价标度表，建立各级指标的判断矩阵，进而确定出各指标的综合权重，明确了各个指标的重要程度。在 4 个主因素中，人为因素仍是隧洞通航风险的主要致因；在 15 个子因素中，C_{12}、C_{13}、C_{26}、C_{14}、C_{25} 和 C_{41} 等 6 个指标影响程度重大，且权重值均大于 0.05，因此这 6 个指标是隧洞通航风险的最主要诱因，应优先给予考虑，并严格控制和重点预防。

（3）在风险指标体系的基础上提出了隧洞通航风险评价层次模型，运用基于模糊规则库的证据推理方法，有效结合主、客观数据，构建了隧洞通航风险的综合评价模型，最后利用效用值计算的方法分析了不同航行方式下的隧洞通航风险状况。

（4）通过对思林通航隧洞船舶自航与船舶曳引的状况分析，船舶自航与船舶曳引的隧洞通航风险水平均处于"一般风险"与"低风险"之间，偏向于"低风险"等级。

（5）基于通航隧洞内船舶依次尾随航行特点，通过构建计算模型，定量确定船舶安全距离。其中，通航隧洞内船舶安全间距与船舶操纵性能、隧洞环境及驾驶人员生理情况等均有关。

（6）通航隧洞内不同位置的船舶安全间距不等，其中隧洞出入口段船舶安全间距大于隧洞内船舶安全间距。在隧洞运营管理中需根据位置特点进行分区来控制前后船舶间的安全距离。

（7）通航隧洞应急管理应按照要求建立完善的应急管理体系、应急救援体系和应急报警系统。

（8）通航隧洞所在的枢纽管理部门应建立起有效的突发事件应急组织机构和应急机制,按照应急处置工作要求和应急处置流程开展应急救援与处置工作。

（9）根据事故情景状态的不同,应急决策者会根据情况设置不同的响应目标,采取不同的应急措施。最乐观的演变态势是,在外部因素和自身演变规律的共同作用下,当隧洞火灾事故情景达到响应目标时,火灾事故按照预设的目标演化;持续干预事故演化进程,火灾事故继续按预设目标演变,最终完全控制火灾态势,事故消亡。最悲观的演变态势是在外界的干预下,船舶火灾事故的演变未达到预期目标,一直按照恶化方向发展,直到事故结束。

（10）当事故船舶位于中部时,火区下游受影响较大,火区上游区域的 CO 浓度极低,高浓度区域均位于火区下游,且隧洞内的 CO 浓度与火源功率大小成正相关。发生客船客舱火灾、货船货舱火灾、货船机舱油料火灾时,人眼特征高度层的 CO 浓度最高值分别为 74 ppm、95 ppm、122 ppm。

（11）在火灾发生的前 150 s 时段内,人眼特征高度的温度会经过先上升、后下降、再上升的波动变化,后期处于稳定状态,稳定时期的温度不超过 30 ℃。火灾发生初期,隧洞内的温度快速上升,且火源功率越大,温度越高。机舱起火时,人眼特征高度层的最高温度可达 57.35 ℃;客舱和货舱起火时,最高温度分别为 41.19 ℃ 和 29.63 ℃。

（12）随着烟气的扩散沉降,通航隧洞内能见度不断降低。由于通风系统控制烟气向隧洞出口扩散,因此隧洞左侧区域几乎不受烟气影响,能见度较好,维持在 30 m 以上,右端能见度下降明显,200 s 时小范围区域内能见度下降,600 s 时出口附近范围能见度极低,降至 4 m 以内。

（13）火灾事故中温度和 CO 浓度的变化不大,均处于安全范围,能见度的快速下降是影响人员安全的主要因素。

（14）相同场景下,横通道的间距越小,人员在逃生平台上运动的距离越小,疏散所需要的时间也越短。隧洞内存在客船时,人员载荷大大增加,且客船上存在老人和儿童旅客,大部分乘客未经过专业的逃生训练,使得客船的疏散效率远小于货船的疏散效率。在疏散的过程中,引导被困人员通过最优的逃生路径疏散,疏散效率将大大提高,减少疏散时间。

（15）当船员起居室起火时,无论事故船舶处在隧洞的哪个位置,任何出口的 REST 均小于 AEST,符合人员安全疏散准则。当货舱起火时,出口 9 的 REST 大于 AEST,无法在可用的安全疏散时间内完成疏散。当机舱起火时,出口 9 的 REST 大于 AEST,不能满足人员安全疏散准则要求。

（16）在重点分析了通航隧洞船舶火灾突发事件的应急处置方案后,本书对其他典型突发事件(人员落水、船舶沉没、船舶触碰、船舶碰撞、航道堵塞等)的应急处置开展了研究，建立了相关的应急处置方案库。

(17)随着无人驾驶技术及智慧港航技术的快速发展，隧洞内通航风险及事故后果将发生改变，隧洞船舶通航风险预警及事故应急处置技术应适应新的要求。

参考文献

[1] 李焱,郑宝友,周华兴. 构皮滩升船机中间渠道通航隧洞和渡槽的尺度研究[J]. 水道港口,2012,33(1):45-50.

[2] 汤建宏,阚得静. 高坝通航建筑物通航隧洞经济性分析[J]. 水运工程,2017(7):141-144.

[3] 楼张根. 通航隧洞帷幕区开挖爆破控制技术研究[J]. 低碳世界,2015(36):91-92.

[4] 吴德兴,周红升,郭洪雨,等. 富春江通航隧洞建筑限界及内轮廓设计研究[J]. 隧道建设,2015(11):1183-1187.

[5] 金国强. 船闸——通航隧道系统水力特性分析研究[D]. 杭州:浙江大学,2008.

[6] 王孟飞. 通航隧道下船行波传播规律及通航安全的研究[D]. 长沙:长沙理工大学,2020.

[7] 邓斌,王孟飞,蒋昌波,等. 通航隧道内船行波传播特性及对船舶连续通航安全影响[J]. 科学通报,2021,66(9):1101-1112.

[8] 刘维. 通航隧洞拖曳式船舶航行阻力计算方法与试验研究[D]. 重庆:重庆交通大学,2023.

[9] 钮新强,吴俊东,王小威. 基于目标优化的大型通航隧洞断面尺度研究[J]. 水利水运工程学报,2021(3):1-8.

[10] 李伟平. 富春江通航隧道火灾爆炸事故逃生疏散及结构安全性研究[D]. 长沙:中南大学,2009.

[11] 汪瑞,黄立文,谢澄,等. 通航隧洞船舶尾气排放扩散数值模拟研究[J]. 武汉理工大学学报(交通科学与工程版),2021,45(3):580-585.

[12] 刘柳. 三峡新通道隧洞通风排烟数值模拟研究[D]. 武汉:武汉大学,2019.

[13] 陈鹏云,查显顺,谢方祥. 大型通航隧洞通风排烟特性及控制标准[J]. 工业安全与环保,2023,49(10):5-8.

[14] 邓健,廖芳达,谢澄,等. 船舶操纵仿真的狭长通航隧洞航行安全研究[J]. 中国航海,2021,44(4):7-12.

[15] 刘欣. 乌江通航隧洞船舶及其运行方式比选研究[D]. 武汉:武汉理工大学,2020.

[16] 干伟东,邓健,李延伟. 通航隧洞内船舶安全间距模型[J]. 安全与环境学报,2021(12):98-106.

[17] 邓健,廖芳达,谢澄,等. 船舶操纵仿真的狭长通航隧洞航行安全研究[J]. 中国航海,

2021,44(4):7-12.
[18] 干伟东,李延伟,乔华倩. 隧洞通航风险评价指标体系构建[J]. 船海工程,2021,50(1):122-125.
[19] 杨晋. 高速公路预警管理系统若干关键技术研究[D]. 武汉:武汉理工大学,2007.
[20] 李阳,高自友. 铁路安全预警系统的研究与设计[J]. 中国安全科学学报,2004(14):15-18.
[21] 刘清. 高速公路交通灾害预警管理系统研究[D]. 武汉:武汉理工大学,2004.
[22] 刘健,杨浩,魏玉光. 长江航行安全问题的研究[J]. 中国安全科学学报,2003(13):29-31.
[23] 周俊华,陈先桥,张笛,等. 基于贝叶斯网络的内河航道拥堵预警系统设计[J]. 武汉理工大学学报(信息与管理工程版),2013(35):353-356.
[24] 桑凌志,毛喆,张文娟,等. 内河多桥梁水域船舶安全航行预警系统实现[J]. 中国航海,2014(27):34-39.
[25] 金娥. 内河运输安全预警研究[D]. 武汉:武汉理工大学,2008.
[26] 郭君. 长江水上交通安全预警管理机制建设研究[D]. 武汉:武汉理工大学,2008.
[27] 李红九. 三峡库区航运突发事件预警和应急管理机制[J]. 武汉理工大学学报(社会科学版),2006(1):114-117.
[28] 周志中. 湘江水上交通安全预警系统研究[D]. 武汉:武汉理工大学,2007.
[29] 刘亮,张培林. 长江干线水上交通安全预警管理运行机制研究[J]. 交通信息与安全,2010,28(4):116-118.
[30] 袁宗祥,刘亮. 基于主诱因的长江水上交通安全预警模型及软件实现[J]. 交通信息与安全,2010,28(6):37-39.
[31] 杨亚东. 长江浅险航段通航环境危险度分析[J]. 武汉理工大学学报(信息与管理工程版),2010,32(4):622-624.
[32] 姜丹. 三峡库区复杂天气条件下船舶航行安全风险预警等级研究[D]. 武汉:武汉理工大学,2013.
[33] 张笛. 枯水期长江通航风险评价和预测方法研究[D]. 武汉:武汉理工大学,2011.
[34] 杜志刚,潘晓东,杨轸,等. 高速公路隧道进出口视觉震荡与行车安全研究[J]. 中国公路学报,2007(5):101-105.
[35] 方守恩,邬洪波,廖军洪,等. 山区高速公路隧道群路段安全评价[J]. 同济大学学报(自然科学版),2013,5(5):693-699.
[36] 张玉春,何川,方勇,等. 高速公路隧道群交通事故风险致因分析[J]. 中国安全科学学报,2009(9):120-124.
[37] 周勇狄,夏永旭,王永东. 公路隧道火灾消防救援安全研究[J]. 中国公路学报,2008(6):83-89.
[38] 彭伟,霍然,李元洲,等. 二郎山公路隧道火灾排烟及人车疏散应急方案研究[J]. 安全与

环境学报,2007(5):113-116.

[39] 路苤枫,普晓刚. 五强溪枢纽船闸通航条件改善措施研究与创新[J]. 湖南交通科技,2017,43(2):272-274+287.

[40] 陈辉,刘志雄,江耀祖. 引航道通航水流条件数值模拟[J]. 水利水运工程学报,2012(4):13-18.

[41] 刘晓佳,张苟,汪强,等. 基于灰云聚类的港口水域通航环境危险度评价[J]. 中国航海,2019,42(3):55-61.

[42] TIAN Y,SUN X,CHEN L,et al. Risk assessment of nautical navigational environment based on grey fixed weight cluster[J]. Promet-Traffic& Transportation,2017,29(3):331-342.

[43] 邱文钦,唐存宝,唐强荣. 不确定条件下内河航道通航环境风险评价[J]. 中国航海,2019,42(1):52-55+67.

[44] 王齐,黄龙江. 复杂枢纽船舶通航隧洞突发事件应急方案研究[J]. 交通企业管理,2022(5):92-94.

[45] 崔文罡,范厚明,马梦知. 基于R聚类和变异系数的原油水上过驳风险评价指标体系[J]. 大连海事大学学报,2017,43(3):31-37.

[46] REILLY J B,MYERS J S,SALVADOR D,et al. Use of a novel,modified fishbone diagram to analyze diagnostic errors[J]. Diagnosis,2014,1(2):5.

[47] NIU D X , QIAO H H,ZHAI H J,et al. Power grid construction project cost risk factors analysis based on the fishbone diagram theory[J]. Advanced Materials Research,2012,622-623:1852-1855

[48] ZHAO C H,ZHANG J,ZHONG X Y,et al. Analysis of accident safety risk of tower crane based on fishbone diagram and the analytic hierarchy process[J]. Applied Mechanics and Materials,2011,127:139-143.

[49] 江思义,王启耀,李春玲,等. 基于专家-层次分析法的地下空间适宜性评价[J]. 地下空间与工程学报,2019,15(5):1290-1299.

[50] HRISTOS K. The application of the AHP-TOPSIS for evaluating ballast water treatment systems by ship operators[J]. Transportation Research Part D:Transport and Environment,2017,52:172-184.

[51] 张驰,陈涛,倪顺江. 基于层次分析和模糊综合评价的电网系统应急能力评估[J]. 中国安全生产科学技术,2020,16(2):180-186.

[52] 李帅,魏虹,倪细炉,等. 基于层次分析法和熵权法的宁夏城市人居环境质量评价[J]. 应用生态学报,2014,25(9):2700-2708.

[53] 郝勇,胡思慧,陈兴园. 基于MAIB事故报告的人为失误灰色关联分析[J]. 安全与环境学报,2017,17(3):1008-1012.

[54] FUJII Y,TANAKA K. Traffic Capacity[J]. Journal of Navigation,1971,24(4):

543-552.

[55] 明力,刘敬贤,王先锋. 超大型船舶安全纵向间距计算模型[J]. 中国航海,2014,37(4):40-43.

[56] 侯海强,李祎承,初秀民. 长江繁忙水域船舶间距模型[J]. 大连海事大学学报,2013,39(4):21-24.

[57] 何良德,姜晔,殷兆进,等. 内河船舶跟驰间距模型[J]. 交通运输工程学报,2012,12(1):55-62.

[58] 洪碧光. 船舶操纵[M]. 大连:大连海事大学出版社,2016.

[59] 李振福,孙悦,韦博文."冰上丝绸之路"——北极航线船舶航行安全的跟驰模型[J]. 大连海事大学学报,2018,44(3):22-27.

[60] 程果,徐周华,唐存宝. 能见度不良条件下船舶安全尾随距离研究[J]. 广州航海学院学报,2017,25(3):11-13+46.

[61] LIANG L, XUN P, WAN C. Study on underwater explosion shock characteristic of rudder based on ALE method[C]// International Conference on System Science, Engineering Design and Manufacturing Informatization. IEEE,2011:114-117.

[62] 俞中奇,袁章新,周超. 限制性Ⅲ级航道船舶阻力试验研究[J]. 上海船舶运输科学研究所学报,2014,37(4):23-27+49.

[63] 潘国兵,牛茂钦,刘圳,等. 隧道洞口段驾驶人眼滞后特性研究[J]. 隧道建设,2019,39(7):1090-1096.

[64] 杜志刚,黄发明,严新平,等. 基于瞳孔面积变动的公路隧道明暗适应时间[J]. 公路交通科技,2013,30(5):98-102.

[65] 徐周华,牟军敏,季永清. 内河水域船舶领域三维模型的研究[J]. 武汉理工大学学报(交通科学与工程版),2004,28(3):380-383.

[66] 纪艺,史昕,赵祥模. 基于多前车信息融合的智能网联车辆跟驰模型[J]. 计算机应用,2019,39(12):3685-3690.

[67] 王波,惠宏伟,李永建. 基于期望安全车距的车辆跟驰行为分析与仿真[J]. 中国安全科学学报,2015,25(9):91-95.

[68] 吕贞,陆建. 基于期望车速的跟驰模型研究[J]. 交通运输工程与信息学报,2010,8(3):68-73.

[69] DADASHZADEH M, AHMAD A, KHAN F. Dispersion modeling and analysis of hydrogen fuel gas released in an enclosed area: a CFD-based approach[J]. Fuel,2016(1):192-201.

[70] TOJA-SILVA F, PREGEL-HODERLEIN C, CHEN J. On the urban geometry generalization for CFD simulation of gas dispersion from chimneys: comparison with Gaussian plume model[J]. Journal of Wind Enineering and Industrial Aerodynamics,2018,177:1-18.

[71] XIE C, DENG J, ZHUANG Y, et al. Estimating oil pollution risk in environmentally

sensitive areas of petrochemical terminals based on a stochastic numerical simulation[J]. Marine Pollution Bulletin, 2017, 123(1): 241-252.

[72] CARISSIM B, JAGGER S F, DAISH N C, et al. The SMEDIS database and validation exercise[J]. International Journal of Environment and Pollution, 2001, 16(1-6): 614-629.

[73] TAN C W, LI C, WANG K, et al. Dispersion of carbon dioxide plume in street Canyons[J]. Process Safety and Environmental Protection, 2018, 116: 235-242.

[74] SKLAVOUNOS W, SRIGAS F. Simulation of coyote series trials—part I: CFD estimation of non-isothermal LNG releases and comparison with box-model predictions[J]. Chemical Engineering Science, 2006, 61(5): 1434-1443.

[75] 樊杰玉, 陆键, 邢莹莹. 汽车速度和加速度对不同尾气排放的影响分析[J]. 武汉理工大学学报(交通科学与工程版), 2019, 43 (5): 795-799.

[76] 张帆, 黄茜, 文元桥, 等. 基于Spark算法的船舶尾气排放实时计算方法研究[J]. 武汉理工大学学报(交通科学与工程版), 2019, 43 (2): 213-217.

[77] 文元桥, 耿晓巧, 吴定勇, 等. 基于AIS信息的船舶废气排放测度模型[J]. 中国航海, 2015, 38 (4): 96-101.

[78] 黄琴, 蒋军成. 液化天然气泄漏扩散实验的CFD模拟验证[J]. 工业安全与环保, 2008 (1): 21-24.

[79] XIE C, HUANG L, WANG R, et al. Ship fire modelling and evacuation simulation in navigation tunnel[J]. Tunnelling and Underground Space Technology incorporating Trenchless Technology Research, 2022, 126: 104546.